VEIT LINDAU

schatten werk

Befreie dein
verborgenes Potenzial –
durch radikale
Schattenarbeit

INHALT

ERLÖSUNG

Für unseren Bruder L.

Für den verlorenen Sohn und die verstoßene Tochter.
*Für die verwundeten Heiler*innen und die*
*unvollkommenen Krieger*innen des Lichts.*
Für den Teil in dir, den du am wenigsten liebst.
Für den Dämon, den du am meisten fürchtest.
Steige ab in die Dunkelheit,
um deinem Licht zu begegnen.
Tauche in die Tiefen deiner Seele
und finde dort die Medizin in der Wunde,
die Schönheit im Hässlichen
und wahre Größe in deiner größten Schwäche.
Dann erhebe dich, kehre zurück und bring dir,
deinen Liebsten und der Welt den Frieden,
nach dem wir uns alle sehnen.

Du wirst den Drachen niemals besiegen.
Doch du kannst lernen, ihn zu reiten.

Prolog

Willkommen, liebe Leserin, lieber Leser! Indem du dieses Buch aufschlägst, hast du einen verrückenden Schritt getan, selbst wenn du es vielleicht noch nicht ahnst. Denn Schattenwerk ist kein gewöhnliches Buch: Vor dir liegt eine Abenteuerreise in das Land deiner Psyche. Sie wird dich auf eine gute Weise herausfordern und dehnen. Sie wird dich überraschen. Doch vor allem wird sie dich beschenken – mit dir selbst. Du wirst mit erstaunlichen Gaben und Eigenschaften von dieser Reise zurückkehren, die du vielleicht nie in dir vermutet hättest. Mit dem souveränen Frieden und der übersprudelnden Kreativität eines Menschen, der sowohl seine hellen als auch seine dunklen Seiten willkommen heißen kann.

Was du für diese Reise brauchst, sind Neugier und Mut. Denn ich möchte mit dir gemeinsam *die* große unbekannte Macht in deinem Leben entdecken: deinen Schatten. Dein Schatten ist so etwas wie ein

Drache, der in deinem Unbewussten lebt. Manchmal ruht er friedlich und manchmal erhebt er sich, speit Feuer und wirbelt deine Gedanken und Gefühle durcheinander. Er besitzt wunderschöne, großartige Aspekte genauso wie kleine, hässliche, dreckige Qualitäten, von denen du am liebsten nichts wissen willst. Kein Wunder, denn genau deshalb sind sie ja in deinem Schatten gelandet!

Doch das Wunderbare ist: Unser Schatten ist, wenn wir uns ihm wohlwollend nähern, niemals unser Gegner. Er sehnt sich danach, dass wir das aufklärende Licht unseres Bewusstseins auf seinen Schatz richten und ihn nach Hause holen. Dann ist es wirklich wie im Märchen. Das scheinbare Monster wird durch die richtige Frage erlöst und offenbart sich als verwunschener König, als Königin. Das scheinbar Hässliche verbirgt eine ureigene Schönheit und in der so lange vermiedenen Schwäche wartet unsere wahre Stärke auf uns.

Der Schatten ist nicht nur eine Idee, sondern existiert ganz real. Wir können ihn vielleicht nicht anfassen, doch er meldet sich in Träumen, starken emotionalen und körperlichen Reaktionen. Wir sind keine mutigen Drachenreiter mehr, sondern eine Generation von zwanghaften Kontrollfreaks und emotionalen Weicheiern, die am liebsten alles aus ihrem Leben verdammen würden, was nach Komplexität, Chaos, Dunkelheit und Schmerz riecht. Deshalb haben wir unglaublich schlaue, hocheffektive Mechanismen entwickelt, um dies alles in unser Unterbewusstsein, in den Schatten zu drängen und nicht wahrnehmen zu müssen. Diese Strategien dienen kurzfristig unserem Schutz und unserer Kontrolle, aber wenn wir ehrlicher und genauer schauen, nehmen sie uns auch sehr viel. Sie rauben uns langfristig Lebensfreude, Lebensintensität und Souveränität. Denn wer auf Kriegsfuß mit seinem Schatten lebt, der bindet enorm viel Kraft im Versuch, ihn zu bändigen. Diese Kraft fehlt dir in der Liebe, der Kunst, im Arbeiten, in allem.

Die gute Nachricht ist: Du kannst wieder lernen, ein*e Drachenreiter*in zu werden. Du wirst ihn niemals bezwingen, doch du kannst lernen, ihn zu achten, ihm zuzuhören, und letztendlich wird er dir gestatten, ihn zu reiten. Wie das geht, zeige ich dir in diesem Buch. Ich möchte dich fairerweise vorwarnen. Ich bin weder ein Psychiater noch ein Philosoph. Ich komme von einer sehr bodenständigen Praxis mit vielen Jahren Selbsterfahrung. Ich drücke die Dinge ungeschminkt und pragmatisch aus. Wenn du ein intellektuelles Lehrbuch über dieses Thema suchst, bist du hier falsch. Ich möchte dir Lust machen, dich deinem Schatten eigenverantwortlich und neugierig zuzuwenden und so deine einzigartigen, direkten Erfahrungen zu machen und auch in deinen Worten auszudrücken. Vielleicht kommst du zu ganz anderen Schlussfolgerungen als ich. Es ist *dein* Schatten. Du solltest darin Expert*in sein. Ich habe mein Anliegen erreicht, wenn du nach der Lektüre Lust auf deinen Schatten hast und beginnst, ihn regelmäßig auszuleuchten. Deshalb findest du im Anhang einige weiterführende Bücher, die mich sehr inspiriert haben. Schattenarbeit ist keine einmalige Kur, es ist ein nie endender Lebensweg reifer Menschen. Dies ist ein Weg für mutige, reife Menschen, die keine Abkürzung, kein oberflächliches Beruhigungsprogramm suchen, sondern nach Wahrheit und Ganzheit streben. Der Weg führt durch die Dunkelheit ins Licht. Und du wirst dich manchmal fragen: Warum tu ich mir das an? Warum mache ich es mir nicht so einfach wie die anderen, lenke mich ab und projiziere alles, was ich in mir nicht sehen mag, auf die anderen? Das ist eine sehr gute Frage und du brauchst darauf eine für dich schlüssige Antwort, sonst gibst du an der entscheidenden Weggabelung im Märchen auf oder du rennst, wie es derzeit viele in der psychospirituellen Szene machen, mit einem Plastikschwert und einem Plüschdrachen durch Seminare und hältst dich für die große Schattenforscherin.

Doch um für dich ernsthaft beantworten zu können, ob du das wahre Biest wecken und kennenlernen möchtest, sollten wir uns zuvor genau anschauen, was denn dieser ominöse Schatten überhaupt ist. Der Begriff geht auf Carl Gustav Jung zurück, einen Schweizer Psychiater, der auf seinem Gebiet eine Art Grenzpionier war. Er hat seitdem Scharen von Psycholog*innen, Psychiater*innen, Therapeut*innen, Heiler*innen, aber auch Dichter*innen und Filmemacher*innen intensiv beeinflusst und unsere Sicht auf die menschliche Psyche nachhaltig verändert.

Unter dem Schatten verstand Jung den versteckten, aus verschiedenen Gründen abgelehnten Teil der individuellen und der kollektiven Psyche. Also alles von dir, was noch nicht ans Licht darf und im Schatten deines Bewusstseins darauf wartet, von dir anerkannt und integriert zu werden. Hier finden sich zum Beispiel unterdrückte Emotionen, unverarbeitete Erfahrungen, unreflektierte Glaubenssätze und natürlich auch unbequeme Impulse, beunruhigende Träume und peinliche Wünsche.

Der Schatten ist nicht gleichzusetzen mit dem Unbewussten. Du hast zum Beispiel jetzt gerade viele Reize in deiner Umgebung ausgeblendet, um dich auf das Buch konzentrieren zu können. Das heißt, sie sind *unbewusst* für dich. Konzentrierst du dich darauf, werden sie dir *bewusst.* Beim Schatten geht es um all die Anteile von uns, die wir irgendwann abgelehnt und unterdrückt haben, weil sie uns zu schmerzhaft, zu peinlich, zu beängstigend waren. C. G. Jung hat damit hauptsächlich die negativen, unangenehmen Aspekte gemeint. Ich möchte – basierend auf meinen persönlichen Erfahrungen und der Arbeit mit meinen Klient*innen – das Verständnis dieses inneren Raumes noch ausdehnen auf alle *glorreichen, großen* Aspekte, die wir an uns ablehnen. Wir wollen und können uns im Augenblick weder mit diesen negativen noch den positiven Aspekten unserer Psyche identifizieren. Deshalb verdrängen wir sie in den Schatten.

Als Nächstes müssen wir zwischen dem *persönlichen* Schatten und dem *kollektiven* Schatten unterscheiden. Der persönliche Schatten ist bei jedem Menschen sehr individuell zusammengestellt, da er durch unsere Geschichte geprägt ist. Durch all das, was *du* erlebt, gefühlt, gedacht, erfahren hast. Dein Schatten ist also der Ort, an den du alle unliebsamen Dinge abgeschoben hast, die du, als sie dir zum ersten Mal begegneten, nicht verarbeiten konntest. Vielleicht bist du jemand, der irgendwann mal beschlossen hat: Neid ist etwas ganz Hässliches, das darf nicht sein. Also schiebst du deinen Neid in den Keller.

Lass uns gleich zu Beginn einmal klar und deutlich sagen: **Dieser Mechanismus ist kein Fehler, sondern ein außerordentlich intelligentes Schutzsystem.** Niemand schiebt aus purem Spaß Aspekte von sich selbst in den Schatten. Wir tun dies, weil wir damit irgendwann einmal überfordert waren. Dafür verdient unser Schatten unsere Anerkennung. Wenn wir allerdings nie lernen, unseren Schatten bewusst und freiwillig zu erkunden, wird dieser Mechanismus langfristig auch zu unserer Falle. Denn das, was wir dahin geschoben haben, ist eben nicht weg, sondern nur im Schatten. Was machst du also später, wenn sich Neidgefühle in dir regen? Du behauptest (und glaubst es wahrscheinlich auch), dass du nicht neidisch bist, und wandelst das ungeliebte Gefühl zum Beispiel in einen »wohlmeinenden« Ratschlag um. Das nennt sich Sublimierung und über diesen Vorgang werden wir noch ausführlich sprechen. In einzelnen Situationen mag diese Strategie funktionieren, aber auf Dauer ist es keine Lösung. Dein Neid geht ja nicht weg, nur weil du erleuchteter tust, als du bist. Deine Schattenaspekte wirken – gerade weil sie nicht bewusst integriert sind – umso mächtiger auf dein Leben ein. Sie sind deine Blindspots und entfesseln unsichtbare Kräfte, die das Spiel des Lebens verzerren und manipulieren. Je mehr wir von uns in den Schatten verbannen, desto unfreier, unvollständiger und auch unkreativer werden wir uns fühlen. Denn die Seele strebt nach Ganzheit und dieselbe Kraft, die deine ungeliebten Aspekte abwehrt, unterdrückt auch deinen kreativen Genius.

Wie gesagt, gibt es in deinem Schatten sehr wohl auch sehr helle, großartige Aspekte, die du dir nicht zuschreibst. Viele Menschen haben zum Beispiel ein Problem damit, ihre wahre Schönheit, Kraft oder Liebenswürdigkeit anzunehmen, und schieben diese Aspekte in den Schatten ab. Doch dadurch hinderst du dich genauso daran, dein volles Potenzial zu entfalten. Bitte mach dir also klar, dass der Schatten nicht nur die Dunkelheit, sondern auch das gleißende Licht umfasst.

Neben deinem persönlichen gibt es auch noch den kollektiven Schatten. Du kannst es dir so vorstellen, dass jegliche Erfahrung, die ein Mensch auf diesem Planeten erlebt hat, in ein kollektives menschliches Unterbewusstsein eingegangen ist. Es wirkt wie ein unsichtbares, nicht lokalisierbares, aber von uns allen anzapfbares kollektives Gedächtnis. In diesem ringen mächtige Archetypen, also grundlegende, existenzielle Vorstellungs- und Verhaltensmuster, miteinander. Der universelle Kampf von Gut und Böse. Teufel, Jesus, Gott, der heilige Geist, die Unterwelt. Diese kollektive Dimension des Schattens wirkt natürlich auch auf dich ein und viele Phänomene in deinem Leben ergeben erst Sinn, wenn du verstehst, dass du immer an dieses Feld angeschlossen bist. Nach der Lektüre des Buches wird dein Blick auch darin geschult sein zu erkennen, wie ganze Bevölkerungsgruppen oder Kulturen gegenseitig ihren kollektiven Schatten aufeinander projizieren.

Nun, da du weißt, was der Schatten ist, zurück zu der Frage: **Warum solltest du so verrückt sein und das Tor zu deinem Schatten freiwillig öffnen?**

Gegenfrage: Warum hast du überhaupt dieses Buch in die Hand genommen? Was war dein erster Gedanke? Wahrscheinlich denkst du, du hättest dich bewusst entschieden. Die Wahrscheinlichkeit ist jedoch sehr groß, dass es dein Schatten war, der dir den Impuls gab. Er will ans Licht. Denn letztendlich steht er für eine enorme Menge an Lebensenergie, die hier angestaut wurde. Auch wenn es unbequem, peinlich, ja manchmal sogar beängstigend sein kann, sich dem zuzuwenden, was bis jetzt im Dunkeln existierte, letztendlich ist es eine sehr vitale Wahl. Die Bereitschaft, eine Brücke zu deinem Schatten zu bauen, seine Signale deuten zu lernen und ihn Aspekt für Aspekt ins Licht zu integrieren, schenkt dir langfristig enorm viel Freiheit und Selbstachtung. Du wirst sehr viel Energie freisetzen und deine Kreativität entfesseln. Du wirst dich auf eine gute Weise neu in dich verlieben, wenn du realisierst, wie komplex, paradox und spannend du bist. Schattenwerk ist keine Einladung zu einem egoistischen Selbsttrip. Du wirst durch eine bewusste Schattenarbeit auch deinen Mitmenschen mehr Frieden anbieten können, denn letztendlich wurzeln jeder Streit und jeder Krieg in einem nicht integrierten Schatten auf beiden Seiten. **Schattenarbeit ist Heilungs- und Friedensarbeit.**

DISCLAIMER! FÜR WEN DAS BUCH GEEIGNET IST

Bevor wir tiefer einsteigen, bitte ich dich, die folgenden Sätze sehr aufmerksam zu lesen. Dieses Buch ist kein Ersatz für eine Psychotherapie. Es richtet sich, wie meine gesamte Arbeit, an normalneurotische Menschen, die sich zutrauen, ihre Gefühle, Gedanken und Impulse eigenverantwortlich zu händeln. Die auch in der Lage sind, ein Buch wieder zuzuklappen oder mit einer Methode aufzuhören, wenn sie merken, dass es ihnen nicht guttut. Ich kann und will dir nicht abnehmen, diese Entscheidung für dich selbst zu treffen. Falls du zum Beispiel unter einem schweren Trauma leidest, dann bitte ich dich, dir professionelle Hilfe zu suchen. Wenn du dir unsicher bist, besprich dich bitte mit einem Arzt, einem Therapeuten oder einem Coach deines Vertrauens. Du bist groß. Okay?

Dein Schatten zeigt sich auf unterschiedlichste Weisen. Er berührt alte persönliche Wunden und zum Teil tiefe kollektive Wunden. Er kann starke Aggressionen oder tiefste Unsicherheit ans Licht holen. Deshalb bitte ich dich, diesem Thema mit Respekt zu begegnen.

SCHATTENARBEIT IST PSYCHOAKTIV

Du kannst davon ausgehen, dass dein Schatten jetzt gerade mitliest und bereits »in Gärung« kommt. Das heißt, es kann gut sein, dass du in den kommenden Nächten intensiver träumst. Achte gut darauf, was sich in deinem Leben regt. Denn wenn du deinen Schatten rufst, dann kommt er! Er kommt in Träumen, meldet sich in Ereignissen oder zeigt sich durch andere Menschen. Schattenarbeit hat es in sich, muss aber nicht zwangsläufig dramatisch sein. Vielmehr möchte ich dich einladen, eine Haltung einzunehmen, die offen ist für das, was kommt, und zugleich darauf vertraut, dass deine Psyche diesen Prozess behutsam in die Wege leitet. Vertraue darauf, dass dein Leben nicht komplett durcheinandergerät, sondern dass du deinen Schatten auf eine sanfte Art und Weise integrieren kannst. Und glaub mir, wenn du das beschließt und heute vor dem Schlafengehen noch einmal innehältst und an einen sanften Prozess appellierst, dann wird es so sein. Ich bin der Meinung, Schattenarbeit kann auch richtig Spaß machen. Wie Drachenreiten eben ...

DEIN DOWNLOADBEREICH

Ich habe dir einen umfangreichen Downloadbereich mit vertiefenden Videos und heilsamen Meditationen zusammengestellt. Er ist ein Geschenk für dich. Am besten schaust du gleich mal vorbei:
go.homodea.com/schattenwerk

Part 1
Heiße deinen Schatten willkommen

Bevor wir ins Reich der Schatten hinabsteigen, lass uns kurz und lässig darüber philosophieren, wer wir eigentlich sind.

Carl Gustav Jung ging davon aus, dass du und ich in Wahrheit ein freies, unbegrenztes *Selbst* sind. Das klingt, wenn du keine Erfahrung im Selbstverwirklichungsdschungel hast, vielleicht erst einmal ein bisschen metaphysisch. Das Selbst ist ein anderer Ausdruck für deinen ganzen, dir theoretisch zur Verfügung stehenden Bewusstseinsraum. Immer dann, wenn du etwas integrierst (»Aha, das bin ich also auch«), wird es Teil deines Selbst. Innerhalb des riesigen, quasi unendlichen Raumes von Selbst gibt es das Ich. Das Ich umfasst die Anteile von dir, die dir bekannt sind und die in deinem Alltag und im Kontakt mit anderen Menschen zum Tragen kommen. Dazu gehört zum Beispiel, wie alt du bist, deine Haarfarbe, welche Sprache(n) du sprichst, was deine Stärken und deine Schwächen sind, ob du lieber Tee oder Kaffee trinkst und so weiter. Für das Ich sind also Merkmale relevant, die sich von anderen Merkmalen abgrenzen lassen. Das Selbst hingegen ist unbegrenzt. Es vereint alle Gegensätze in sich und überdauert Zeit und Raum. Im Alltag lebst du meist auf der Ebene des begrenzten Ichs, das ist sozusagen unser Normalzustand. Aber wenn du schon mal eine intensive Meditationserfahrung gemacht hast, dann weißt du, dass es Momente gibt, in denen du in einen inneren Raum ohne Grenzen gelangst. Du erfährst Weite, Stille, Präsenz und manchmal auch ein Licht, welches so intensiv sein kann, dass du glaubst, es nicht aushalten zu können. Das sind Momente, in denen du der wahren Dimension deines Selbst begegnest. Das sind Augenblicke der Gnade, in denen dein Ich komplett verschwindet und du ohne Worte alles verstehst. Dann landest du wieder in deiner begrenzten Form und stammelst dir einen ab, in dem hilflosen Versuch, anderen und dir zu erklären, was du gerade erfahren hast. Willkommen im Club!

Frag mich nicht, warum, aber von Zeit zu Zeit wird es diesem freien Bewusstsein offenbar zu langweilig und es inkarniert auf diesem Planeten in einem zuerst schnell wachsenden, später auch wieder verfallenden Fleischklöpschen. Ja, ich rede gerade von dir.

Unbegrenztes Bewusstsein wird in eine Familie geboren, bekommt einen Namen verpasst, macht jede Menge seltsamer Erfahrungen und wird von allen Seiten mit Informationen darüber bombardiert, wer es ist und wie es sein sollte. So entwickelst du deine Ich-Vorstellung. Jedem Fachexperten krümmen sich wahrscheinlich gerade die Zehennägel über meine freche Zusammenkürzung der existenziellen Weisheiten des Lebens. Aber, liebe Leute, das Buch ist nicht so dick und wir wollen schnell zum Punkt der Schattenarbeit kommen. Du lernst also durch Beobachtung und Schlussfolgerung, wer du bist und was du nicht bist. Das heißt, irgendwann haben die meisten von uns eine relativ starre Idee davon, wer sie sind. Zum Beispiel: »Ich bin der Introvertierte«, »Ich bin die, die immer wieder aufbraust«. Daneben entwickeln wir auch – und das ist ganz wichtig für deinen Schatten – eine klare Liste von Eigenschaften, die wir nicht sind, auf gar keinen Fall sein können beziehungsweise wollen. Zum Beispiel: »Ich will auf gar keinen Fall lustvoll und verhurt sein.« Oder: »Ich bin zu blöd für Mathematik.« Wir setzen also aus dem riesigen Angebot an menschlichen Möglichkeiten unseren relativ überschaubaren Ich-Blumenstrauß zusammen und den restlichen Großteil der menschlichen Aspekte und Eigenschaften verbannen wir in das sogenannte Nicht-Ich, ins Unterbewusstsein. Dort ist es für dich nicht präsent, aber es ist trotzdem da.

Das ist eine ganz wichtige These, die im Zentrum von Schattenwerk steht: ***Alles* ist in dir.** Bitte nimm dir einen Moment Zeit, um diesen Gedanken wirklich in dich aufzunehmen: *Alles* ist in dir. Auch das, was deiner Ansicht nach nicht zu deinem Ich passt und was du deshalb in deinen Schatten verbannt hast. In dir existiert markerschütternde Angst, ein bockiger Störenfried, eine heilige, rasende Wut, … Wir können es abkürzen: einfach alles!

Du brauchst jetzt aber keinen Schreck zu bekommen. Dass alles in dir ist, bedeutet nicht, dass du alles ausleben musst. Sondern es bedeutet, dass du zu *allem* Zugang hast. Und das ist ungeheuer wertvoll, denn wenn wir Zugang zu all diesen Aspekten haben, können wir Mitgefühl und Verständnis für Menschen entwickeln, die anders sind als wir. Dies ist die Basis für wahren Frieden!

Allerdings nutzen wir diese Fähigkeit im Alltag leider nur selten, denn wer von uns hat schon in der Schule ein Unterrichtsfach

»Schattenwerk« gehabt? Wir sind, was die dunklen, dreckigen Aspekte des Lebens betrifft, Angsthasen und Saubermänner. Unser begrenztes Ich schützt lieber seine Mauern durch Rechthaben und das Abgrenzen von anderen. Wenn du in einem Mitmenschen mit einer Eigenschaft konfrontiert wirst, die dir unangenehm ist, beschließt dein Ich mit großer Wahrscheinlichkeit: »Nein, das bin ich nicht!« und schiebt sie in dein Unterbewusstsein. Aber dort bleibt sie eben nicht einfach. Sondern deine Psyche nutzt einen raffinierten Mechanismus, damit das Abgeschobene zu seinem Recht kommt: Dein Schatten sucht sich in einem anderen Menschen eine Leinwand und projiziert den unterdrückten Anteil da drauf.

Sagen wir, es gibt einen Anteil in dir, der rechthaberisch ist. (Richtig geraten?) Du hast dir aber eingeredet, dass du ein offener Mensch bist. Jetzt diskutierst du mit einem Freund über ein dir wichtiges Thema, aber es gelingt dir nicht, ihn von deiner Ansicht zu überzeugen. Schließlich wirfst du ihm vor, dass er rechthaberisch wäre. Du hast das, was du an dir nicht ertragen willst oder kannst, auf deinen Freund übertragen. Vielleicht ist er sogar auch rechthaberisch. Doch der springende Punkt ist: Du wärest voll cool damit, wenn du akzeptieren könntest, dass du selbst ein kleines, rechthaberisches Arschloch bist.

Aber warum projiziert unser Bewusstsein überhaupt nach außen? **Weil unsere Seele nach Ganzheit strebt.** Tief in uns wissen wir, dass so eine kleine Ich-Box niemals ausreicht, um unsere Komplexität zu erfassen. Wir wissen, dass wir unsere eigene Ganzwerdung hemmen, wenn wir etwas auf Dauer unterdrücken. Deshalb suchen wir instinktiv nach Situationen und Beziehungspartner*innen, die unseren Schatten wach kitzeln.

Alles ist
in dir!

Wenn du zum Beispiel den Angsthasen in dir nicht fühlen willst und ständig den Obermacker spielst, wird dein Bewusstsein dafür sorgen, dass du mit diesem verdrängten Anteil in Kontakt kommst. Du wirst in deiner Umgebung immer wieder auf Angsthasen stoßen und einen Großteil deiner Energie darauf verwenden, dich über diese aufzuregen oder lustig zu machen. Bis du dieses Buch liest und kapierst, dass du die ganze Zeit Witze über dich gemacht hast. Hah!

Dieser Mechanismus wirkt in vielen Bereichen unseres Lebens, ohne dass wir uns dessen oft bewusst sind. Wir können nicht nur auf Menschen, sondern auch auf Objekte projizieren. Wenn du zum Beispiel im Laufe deines Weges beschlossen hast, dass du unbedingt ein »spirituelles« Ich haben willst, zu dem materieller Reichtum nicht passt, kann es sein, dass dir Symbole weltlicher Fülle (Porsche, Rolex, Yacht) voll die Knöpfe drücken.

Wir können Verdrängtes auch auf die Natur projizieren. Viele Menschen bekommen im Herbst einen Blues. Sie sind deprimiert und antriebsschwach und hadern mit sich und dem Leben. Natürlich gibt es dafür auch eine wissenschaftliche Erklärung: Die Tage werden kürzer, das Licht nimmt ab, das Vitamin D in unserem Körper geht zurück. Das sind alles wichtige Fakten. Aber vielleicht spielt es auch eine psychische Rolle, dass uns das fallende Laub an unsere Vergänglichkeit erinnert, einen der mächtigsten Schatten des Menschen überhaupt?

Wir projizieren unseren Schatten auf Menschen, Objekte und Ereignisse. Also jede Menge Gründe, uns immer wieder aufzuregen.

WARUM SICH SCHATTENARBEIT FÜR DICH LOHNT

Ist Schattenarbeit einfach? Nein. Sie ist eine Kunst und du musst sie mindestens einmal gründlich erlernen. Schattenarbeit erfordert Mut. Schattenarbeit bedeutet, dass du immer wieder aus der Komfortzone deines kleinen, für dich bekannten Ichs heraustrittst. Es bedeutet, dass du immer wieder unerschrocken hinschaust und dabei sehr wahrscheinlich eine Menge Erkenntnisse sammelst, die dir erst mal peinlich oder sonst wie unangenehm sind. Doch es lohnt sich. Du bekommst eine immer größere Perspektive darauf, wer und was du bist. Deshalb auch ... Bewusstseins*erweiterung*!

Damit einhergehend reift deine Schaulogik, die Fähigkeit, verschiedene Standpunkte auf ein und dieselbe Situation bezogen einzunehmen. Deine Resilienz gegenüber Chaos und Wandel steigt. Dein Mitgefühl vertieft sich. Weil du jeden Mist dieser Welt in dir findest, wirst du demütiger, aber wahrscheinlich auch humorvoller. Mit anderen Worten, du wirst eine ziemlich coole Socke. Noch ein Nebeneffekt: Du bist bei Weitem nicht mehr so angreifbar durch Kritik. Wenn jemand kommt und sagt: »Kann es sein, dass du manchmal ein echtes Arschloch bist?«, wirst du einfach nur grinsend erwidern können: »Ganz bestimmt. Das hast du gut bemerkt.« Kannst du ahnen, wie viel Freiheit es dir bringen kann, wenn du nichts mehr unterdrücken musst? Wenn du dir und anderen nichts mehr vormachen musst? Wenn du endlich die Türen und Fenster deiner Seele weit aufreißen und sagen kannst: »Kommt alle, ihr Gäste. Kommt, die glorreichen Held*innen und die hässlichen Entlein. Die dunklen Dämonen und die unangenehmen Gefühle …« Das schenkt dir tiefen Frieden und Lässigkeit. Was auch immer du angehst – Kunst, Arbeit, Liebe, Spiritualität –, alles wird sich vertiefen, weil du Licht und Dreck, Liebe und Hass, Schweiß und Rosenduft willkommen heißen kannst. Also, wenn du jetzt noch nicht heiß auf Schattenwerk bist, kann ich dir auch nicht helfen.

Ein lebendiges Leben bringt immer ans Licht, was noch im Schatten lag.

Das schönste und wertvollste Geschenk der Schattenarbeit ist: Sie macht dich ganz und führt dich in dir nach Hause! Jung nannte dies den Individuationsprozess. Wir werden unschuldig, nichtwissend geboren. Wir entwickeln ein Ego. Wenn wir lebendig und neugierig bleiben, dann stellen wir dieses immer wieder infrage und erweitern es. Und während wir Schatz für Schatz nach Hause holen, werden wir ganzer, heiler, erfüllter.

SCHATTENTRIGGER

Woran erkennst du nun, dass dein Schatten getriggert wurde? Prinzipiell können wir sagen: Wenn du wach und entspannt bist, ruht dein Schatten. Ich bin auch nicht der Meinung, dass wir ihn ständig provozieren müssen. Du kannst es ruhig genießen, wenn er gerade mal Pause macht. Doch immer dann, wenn du emotional, körperlich oder geistig intensiv auf etwas reagierst, ist sehr wahrscheinlich dein Schatten getriggert.

Es gibt verschiedene Weisen, auf die dein Schatten bei dir anklopfen kann. Vielleicht fängst du an, dich in Gedanken intensiv mit einem anderen Menschen zu beschäftigen. Oder du ringst mit Selbstzweifeln, Ängsten oder Fantasien. Manchmal spürst du starke Emotionen wie Wut oder Trauer. Körperliche Reaktionen wie Unruhe, Kopfschmerzen, Verspannungen, Krankheiten können ebenfalls ein Anzeichen sein. Oder du merkst, dass immer wieder ähnliche Botschaften aus deiner Umgebung kommen. Ein Klassiker ist zum Beispiel, wenn dir jedes Mal, kurz bevor du ein Erfolgserlebnis hast, irgendwelche Pannen passieren und dich auf deinem Weg zurückwerfen. Dann ist es an der Zeit, dich zu fragen, wie dein Verhältnis zu Erfolg beschaffen ist. Vielleicht steckt in dir ein Glaubenssatz, der besagt, dass dir kein Erfolg zusteht. Durch Schattenarbeit kannst du eine solche Negativprogrammierung lösen. Manchmal benutzt der Schatten einen besonders raffinierten Trick: Wir werden just in einem für uns sehr spannenden Moment schlagartig müde und pennen ein. So ein Zufall!

Wie bereits erwähnt, gibt es individuelle und kollektive Schattendynamiken. Die starke Bewegung von #blacklivesmatter deutet auf einen gewaltigen Schatten des Rassismus hin und möchte ihn sichtbar machen – das betrifft uns alle. Die Deutschen weigern sich bis heute zu akzeptieren, dass wir das, was im Nationalsozialismus geschah, nicht einfach abschließen können, und so holt uns dieser Schatten immer wieder ein. Die Menschenmassen, die sich aus dem ärmeren Süden in Richtung der reicheren Länder in Bewegung setzen, sind auch der Schatten von Kolonialismus und den daraus entsprungenen Ungerechtigkeiten. Israelis und Palästinenser, Heteros und LTBTQ+, ich könnte ewig so fortfahren … Wir werden für all diese Spannungen nur dann eine friedliche Lösung finden, wenn wir sie nicht nur an der Oberfläche betrachten, sondern persönlich nehmen.

Fällt es dir auf, wenn du getriggert wirst? Oder bist du vielleicht jemand, der gelernt hat, unangenehme Gefühle so stark zu unterdrücken, dass du die durch deinen Schatten ausgelösten Spannungen nicht mehr wahrnimmst? In dem Fall hilft dir der ehrliche Kontakt zu deinen Mitmenschen. Lass dich näher auf sie ein. Zieh in eine Wohngemeinschaft; geh eine Liebesbeziehung ein; habt ehrliche und tiefe Gespräche. Selbst wenn du deinen Schatten zunächst nicht fühlst, wird dein Umfeld ihn spüren und ihn dir spiegeln. Eine gründliche Schattenarbeit braucht deine Bereitschaft, dem Feedback der anderen zu lauschen. Wenn sich ein ähnliches Feedback immer wieder wiederholt, wird wohl etwas dran sein, auch wenn du es selbst noch nicht siehst. Wir reden dann von einem sogenannten *Blindspot*. Wenn ein ungeliebter Aspekt so weit in deinen Schatten gerutscht ist, dass alle anderen ihn sehen können, du selbst aber nicht mehr.

DAS ALLES KANN DEINEN SCHATTEN HERVORLOCKEN:

- andere Menschen in ihrer Gesamtheit oder Eigenschaften an ihnen wie Ehrgeiz, gutes Aussehen
- bestimmte Eigenschaften anderer Menschen
- Worte; zum Beispiel »Gott«, »Wahrheit«, »Rechthaben«
- Dinge, Objekte; teure Autos, Kleidung, Kunstobjekte
- Ereignisse; zum Beispiel Weihnachten, Fußballspiele
- Aspekte an dir selbst; Neid, Unsicherheit

CHALLENGE:

Schattenbeobachtungen

Taste dich langsam in die Schattenarbeit hinein. Nimm dich in den kommenden Tagen achtsamer wahr. Wo merkst du, dass du stark auf etwas im Außen oder in dir reagierst? Bei welcher Gelegenheit schnellen heftige Urteile in dir hoch? Spürst du bestimmte körperliche Reaktionen? Ich empfehle dir, ein Schattentagebuch anzulegen. Lege auf einer Doppelseite fünf Spalten für die folgenden Beobachtungen und Fragen an und beantworte sie ehrlich am Ende eines Tages.

- Spalte 1: Ich habe heute stark reagiert auf:
- Spalte 2: Positiv oder negativ?
- Spalte 3: Welche Gefühle wurden in mir ausgelöst?
- Spalte 4: Welche Gedanken wurden in mir ausgelöst?
- Spalte 5: Meine Fragen und Assoziationen dazu:

KLASSISCHE ABWEHRMECHANISMEN DER PSYCHE

Unser Ego ist ein schlauer Fuchs. Und es hat es gern bequem und sicher. Es verteidigt ein einmal errungenes Gleichgewicht, selbst wenn es eine nervende Neurose ist. Wenn du beginnst, dich bewusst deinen verborgenen, dunklen, unliebsamen Anteilen zuzuwenden, findet dein Ego das wahrscheinlich gar nicht gut. Es denkt sich: »Weißt du was? Unser Leben ist doch halbwegs im Gleichgewicht. Wir sind zwar nicht die Glücklichsten oder Lebendigsten, aber wir haben das Chaos des Lebens so halbwegs unter Kontrolle. Warum daran rütteln?« Mal angenommen, du lebst schon lange deine sexuelle Lust nicht mehr aus. Dein Unterbewusstsein weiß das natürlich, doch es wägt ab: »Hm, ja, Sex ist geil. Aber wenn diese Lust jetzt hochkommt, wer weiß, wohin sie uns führt. Vielleicht knallt der Laden hier vollkommen auseinander. Lass uns lieber weiter Süßigkeiten futtern, wenn sich die Libido regt. Das macht zwar dick, ist aber sicherer.«

Die Abwehrmechanismen deines Unterbewusstseins sind nicht deine Gegner*innen. Sie wollen dich schützen. Sie ergeben Sinn. Kämpfe niemals gegen sie. Bedanke dich dafür, dass es sie gibt. Doch nicht immer ist der kurzfristige Schutz, den sie dir bieten, in deinem langfristigen Sinne. Wenn sie dich davon abhalten, deinen Schatten kennenzulernen, verhindern sie auf Dauer Reife, Tiefe, Abenteuer und echtes Glück. Deshalb ist es so wichtig, dass du die Abwehrmechanismen deiner Psyche erkennen und durchschauen lernst. Dann kannst du dich fragen: Was wehren sie denn eigentlich gerade ab? Und ist jetzt vielleicht ein guter Zeitpunkt, ganzer zu werden?

Ich stelle dir jetzt die wichtigsten Abwehrmechanismen der Psyche vor. Lies aufmerksam mit. Welche davon kommen dir bekannt vor?

VERDRÄNGUNG

Der Klassiker ist Verdrängung, zum Beispiel eines Wunsches. Andrea und ich haben viele Paarcoachings gegeben und wenn wir zu Beginn fragten: »Wie läuft es in eurer Beziehung?«, antwortete meistens die Frau: »Es ist okay. Alles fein.« Wenn wir dann sanft nachbohrten: »Wann habt ihr denn das letzte Mal auf eine lebendige, wache, romantische Art und Weise miteinander gesprochen?«, wurde der Blick schon trauriger und beim weiteren Nachfragen kamen viele, mittlerweile schon lange verdrängte Wünsche an die Oberfläche: Ehrlichkeit, Nähe, Humor, sinnliche Berührung, wilder Sex. Falls dir so etwas vertraut vorkommt, verurteile dich bitte nicht. Dafür kommen wir ja hier zusammen. So geht es vielen Menschen. Wir wissen häufig nicht, wie wir unseren eh schon herausfordernden Alltag mit unseren zum Teil komplexen Wünschen vereinen können. Also stecken wir sie weit, weit weg, sodass wir sie nicht mehr fühlen oder denken müssen. Eine ganze Medienindustrie aus Netflix und Co. bedient diesen Mechanismus der Verdrängung. Spontan, aus dem Bauch heraus: Was verdrängst du wohl gerade?

VERLEUGNUNG

Verleugnung bedeutet, wir nehmen einen Aspekt unserer Wirklichkeit nicht so wahr, wie er ist. Es gibt Menschen, die verleugnen, dass sie kein Geld haben. Ihr Konto ist schon weit überzogen und dennoch gehen sie in den teuersten Restaurants essen oder shoppen auf Kredit weiter. Ihr Verhalten passt nicht zu ihrer gelebten Wirklichkeit, sie verleugnen sie.

Andere verleugnen, dass sie unglücklich sind. Vielleicht sind sie Single und sehnen sich zutiefst nach einer Partnerschaft, tun aber so, als ginge es ihnen allein total gut. Sie verleugnen die nüchternen Fakten in einem bedeutsamen Bereich ihres Lebens. Den Dingen, die wir verleugnen können, sind keine Grenzen gesetzt. Wir verleugnen Süchte, das Scheitern eines Vorhabens, die Umweltkrise oder die Gefahr einer Krankheit. Ohne groß zu überlegen: Was verleugnest du?

VERMEIDUNG

Mönche, die im Zölibat leben, sind ein gutes Beispiel für Vermeidung. Das ist natürlich nicht der einzige Grund, weshalb sie ins Kloster gehen. Aber wenn jemand sagt: »Lust bringt mein klares Konzept von Gott und der Welt durcheinander. Ich vermeide sie am besten ganz«, liegt der Vorteil eines Klosters auf der Hand. Denn wenn du in einer Großstadt lebst und es auf den Straßen von attraktiven Männern und Frauen nur so wimmelt, ist es natürlich viel schwerer, sich nicht mit der eigenen Sexualität zu konfrontieren. Reize zu vermeiden, die unsere Schatten wecken könnten, ist menschlich, wir alle handeln an der einen oder anderen Stelle so. Wir vermeiden Gesprächsthemen, Bevölkerungsgruppen oder spezielle Situationen, weil wir unbewusst wissen, dass sie unseren Schatten triggern würden.

Was ist es bei dir? Zähle drei Dinge, Menschen, … auf, denen du aus dem Weg gehst.

PROJEKTION

Projektion ist ohne Zweifel der Lieblingssport des Egos. Projizieren bedeutet, einen Gedanken, ein Gefühl oder was auch immer auf einen anderen Menschen oder eine Sache zu übertragen. Das Grundprinzip dabei ist: In dir sehe ich das, was ich an mir nicht mag. Ich funktioniere dich zu einer Leinwand um. Statt mich direkt mit meinem Schatten auseinanderzusetzen, projiziere ich ihn auf dich, wo ich ihn selbstgefällig kritisieren kann, weil ich scheinbar nichts damit zu tun habe.

Kleiner Hinweis: Was glaubst du wohl, warum du das, was dich an einem anderen nervt, überhaupt wahrnehmen kannst? Na, weil es in dir ist! Yepp! Zähle drei menschliche Lieblingsprojektionsflächen deines Egos auf.

REAKTIONSBILDUNG

Reaktionsbildung ist schon einen Grad gewiefter. Sie bedeutet, eine entgegengesetzte Verhaltensweise auszubilden. Sagen wir, du hast im Laufe deines Lebens gelernt, dass Aggression etwas Schlechtes ist. Jemand überschreitet massiv deine Grenze. Eigentlich wäre es gesund und vital, eine Grenze zu setzen: »Was fällt dir ein?! Stopp! Hau ab!« Doch du denkst stattdessen: »Oh, der hat es bestimmt schwer in seinem Leben. Er tut mir leid. Ich nehme ihn mal in den Arm.« Das heißt, du verwandelst einen unerwünschten Impuls, *Aggression*, in einen Impuls, den du moralisch gut findest und dir gestattest: Nettsein und Verständnis. Das werden dann die »guten« Menschen, mit denen alle anderen machen können, was sie wollen. Wo hast du schon mal das Feedback bekommen, dich einer Situation nicht angemessen gegenüber verhalten zu haben?

REGRESSION

Regression ist ebenfalls ein Klassiker. Gemeint ist das Zurückfallen im Fühlen und Verhalten auf eine frühere Entwicklungsstufe. Du fühlst dich zum Beispiel allein und unsicher. Du gehst zum Kühlschrank, holst dein Lieblingseis raus, setzt dich hin und löffelst es aus. Vielleicht schaust du dir dabei noch einen Märchenfilm an. Du wirst wieder ein kleines Mädchen, das sich mit Süßigkeiten tröstet. Oder ein erwachsener Mann, der rumwütet wie ein dreijähriger Bengel. Wann und wie regredierst du?

PROGRESSION

Das Gegenteil davon ist Progression: Du wirst übertrieben stark und tapfer. Progression betrifft oft Menschen wie zum Beispiel Alleinerziehende, die es sich gar nicht leisten können zu sagen: »Ich bin schwach; ich weiß nicht weiter.« Sie mutieren zu echten Helden und leisten Erstaunliches. Die Kehrseite davon ist, dass sie ihren Schwächeanteil unterdrücken. Gibt es Situationen, in denen du zu lange stärker und tapferer tust, als du bist?

SUBLIMIERUNG

Sublimierung ist einer der Lieblingsabwehrmechanismen der spirituellen Szene. Sublimieren heißt: Ich hebe etwas auf eine höhere Ebene; ich »transzendiere« das Dunkle, das Dreckige, das Schmierige, das

Alltägliche in das Licht, das Höhere und Heiligere. Weil ich zum Beispiel schon lange nicht mehr so richtig saftvoll gevögelt habe und vielleicht auch Angst vor dem habe, was dann passieren könnte, ziehe ich die Energie immer höher und lebe nur noch in meinem Herzchakra. Anstatt mal voller Saft zu ficken, singe ich Mantren. Wenn mich dann jemand auf Sex anspricht, weise ich ihn freundlich darauf hin, dass ich das Thema bereits transzendiert habe. Aber stimmt das? Oder habe ich meine sexuellen Bedürfnisse einfach sublimiert, weil ich nicht mit ihnen klargekommen bin? Finanziell arme Idealisten, Moralapostel, Yogafanatiker*innen, Ernährungsfreaks, Lichtarbeiter*innen sind ja erstaunlicherweise häufig nicht lässig, sondern angespannt. Sollte das etwa ein Hinweis auf einen unterdrückten Schatten sein?

KLEINER ZWISCHENRUF

Dies ist wohl der perfekte Moment, dich darauf hinzuweisen, dass dich dieses Buch manchmal emotional triggern kann. Bitte mach dir bewusst: Es sind nicht die Worte, die du liest, die dich wütend oder traurig machen. Denn diese sind, genau betrachtet, einfach nur Farbpigmente auf Papier. Es ist auch nicht der Autor. Ich bin deiner Psyche reichlich egal. Es ist, tada!, dein Schatten, der sich meldet. Natürlich musst du mir das nicht glauben. Du kannst auch Geld und Zeit, die du in das Buch investierst, verschwenden, indem du weiter munter drauflosprojizierst. Doch vielleicht machst du dir an den Stellen, an denen du das Buch oder mich besonders doof findest, einfach ein dickes Zeichen und kommst dann später, in einem ruhigeren Moment, dahin zurück und fragst dich:

»Was hat es eventuell doch mit mir zu tun?«

HERABSETZUNG UND ÜBERHÖHUNG

Angenommen, du hast jemanden auf Instagram abonniert und dieser Mensch macht dich total neidisch. Jedes Mal, wenn du von ihm ein Foto siehst, fühlst du Missgunst in dir hochkommen, aber du traust dich nicht, neidisch zu sein, weil das in deinem Universum eine negative Eigenschaft ist. Dein Ausweichmanöver besteht nun darin, den anderen innerlich schlechtzumachen. »Das ist bestimmt nicht echt«, »Die ist immer so oberflächlich« und so weiter. Du ziehst diesen Menschen also runter, damit du dich besser fühlen kannst.

Genauso kann es passieren, dass dich jemand triggert und du ihn erhöhst. Du bewunderst diesen Menschen. Du stellst ihn auf einen Sockel. Alles, was er macht, ist super. Du bist klein, er ist groß. Bewunderung ist ein typisches Beispiel dafür, dass wir positive Anteile von uns nach außen projizieren. Der Vorteil an dieser Podestbewunderung ist, dass du nicht ernsthaft versuchen musst, diese Eigenschaften selbst zu leben. Ich meine, warum sich die Mühe machen und bedingungslos lieben lernen, wenn ich Jesus auch einfach an ein Kreuz über mein Bett nageln kann?

Wen machst du immer mal wieder schlecht?

Und wen hebst du gern auf einen Sockel?

DRAMATISIERUNG

Mit diesem Abwehrmechanismus kennen sich die Drama-Queens und -Kings unter uns bestens aus. Ich zum Beispiel. Aus einer Mücke wird ein Elefant, Nichtigkeiten werden zu bedeutungsvollen Ereignissen aufgepimpt. Vor allem Gefühle werden gern hochgepuscht und als überzeugender Kinosound für dein Drama benutzt. Aber Achtung!

Nicht jeder, der gerade intensiv zu fühlen scheint, ist tatsächlich an der wahrhaftigen Emotion dran. Manchmal übertönt das Drama die eigentliche Stimmung und es wäre angebrachter, den Mund zu halten und auf eine stille Art und Weise den Schmerz zu spüren, anstatt ihn lauthals in Szene zu setzen.

Das Thema Schattenarbeit ist natürlich für mögliche Dramatisierungen eine Steilvorlage. Vielleicht ist dir aufgefallen, dass ich hin und wieder einen kleinen Witz einflechte. Ich möchte damit verhindern, dass du das Thema zu verbissen angehst. Es gibt einen essenziellen Unterschied zwischen entspannter Ernsthaftigkeit (wir können dennoch lässig bleiben und auch mal lachen) und verkrampfter Ernsthaftigkeit. Die nutzt dir gar nichts. Also, fühle ruhig tief und bleib dennoch möglichst locker. Sonst wirft dich der Drache beim ersten Flug ab.

SOMATISIERUNG

Somatisierung bedeutet: Du fühlst oder denkst den Trigger nicht mehr. Er drückt sich in deinem Körper aus. Vielleicht bist du in einer Beziehung, die dich schon lange nicht mehr erfüllt, und plötzlich bekommst du ständig Migräneanfälle. Der starke Kopfschmerz verhindert, dass du deinen emotionalen Schmerz spürst und dich mit der Beziehung auseinandersetzt. Zugleich hält die Migräne deine*n Partner*in auf Abstand.

Krankheiten und körperliche Symptome können so viel für uns kompensieren und sie wirken als Grund, warum wir bestimmte Dinge nicht angehen können, natürlich sehr plausibel. Welche körperlichen Symptome fallen dir in deinem Leben auf, die einen Zusammenhang zu nicht gelebten Themen haben könnten?

WOHIN GEHT VON HIER AUS UNSERE REISE?

Jetzt hast du einen kleinen Einblick in die zum Niederknien intelligenten Strategien deiner Psyche gewonnen. Einige der genannten Beispiele kommen dir vielleicht sehr vertraut vor, andere sind dir möglicherweise fremd. Menschen sind sehr unterschiedlich – das ist ja gerade das Faszinierende! Wichtig ist mir, dass du dich gut aufgeklärt fühlst, um den nächsten Schritt zu gehen. Nimm dir einen Moment Zeit, um achtsam in dich hineinzulauschen. Bist du bereit, dich mit offenem Geist und Herzen auf die konkrete Arbeit mit deinem Schatten einzulassen? Wenn ja, dann kann es losgehen!

Wie geht es von hier aus weiter? Als Erstes werden wir uns mit den Grundprinzipien der Schattenarbeit beschäftigen. Schattenarbeit besteht im Wesentlichen immer wieder aus denselben fünf Schritten, deren Ziel die Integration des Schattens ist. Es geht nicht darum, dass du deinen Schatten »wegmachst«, sondern eine Haltung entwickelst, die den Schatten in Frieden annimmt. Um mit diesem Buch einen möglichst großen Impact in deinem Leben zu bewirken und weil ich das Gefühl habe, du bist ein natürliches Talent in der Schattenarbeit, habe ich beschlossen, mit dir gleich die fünf großen Drachen anzugehen. Sagen wir es mal so: Wenn du die meisterst, bist du erleuchtet.

Du trägst
die ganze Welt
in dir.

Als Erstes widmen wir uns der Dichotomie von Gut und Böse. Dann erforschen wir Schwäche und Stärke. Das vielleicht heißeste Kapitel wird das über Opfer und Täter. Da unser Schatten nicht nur das Dunkle, sondern auch das Lichtvolle enthält, beschäftigen wir uns anschließend mit Bewunderung und Größe. Es ist Zeit, dass du Götter, Engel, Vorbilder liebevoll vom Sockel holst. Im letzten Part wartet *die* Meister*in-Lektion auf dich. Du schaust dir deinen ganz persönlichen Dämon an und lernst, mit ihm zu tanzen. Stell dir ein Leben vor, in dem du nie wieder Angst vor dem haben musst, wovor du bis jetzt vielleicht weggerannt bist; ein Leben in Souveränität, Freiheit und echter Verbundenheit mit dir selbst und anderen Menschen. Klingt das gut? Dann lass uns losgehen und diese fünf Drachen kühn und respektvoll zugleich erforschen.

Meditationstipp: Zu diesem Buch existiert ein gleichnamiger Video-Onlinekurs auf **www.homodea.com.** In diesem Kurs schattenwerk findest du zu jedem der fünf Drachen eine powervolle und heilsame Meditation. Siehe Anhang.

CHALLENGE:

Schattenanrufung

Wenn du bereit bist, mit der Schattenarbeit zu beginnen, bitte dein Unterbewusstsein um eine sanfte Kooperation. Am besten, du schreibst ihm einen Brief. Mach es bitte handschriftlich. Der folgende Text ist ein Vorschlag, den du am besten so anpasst, dass er auf deine Lebenssituation zutrifft und sich für dich stimmig anfühlt.

Lieber Schatten, liebe verborgene Anteile meiner Seele,
ich möchte ganz sein. Ich möchte Frieden finden. Ich möchte euch auf eine sanfte Weise nach Hause holen, wertschätzen und in mein Leben integrieren. Ich bitte euch, mir zu zeigen, dass ich euch gut, gesund und friedvoll integrieren kann. Ich beauftrage hiermit mein Unterbewusstsein, mich mit meinem Schatten auf eine angemessene Weise zu konfrontieren, die meinem Wohl und dem meiner Umgebung am besten dient. Ich bin bereit zu erwachen. Ich bin bereit, mir meine Ignoranz zu vergeben. Ich bin bereit, auf allen Ebenen gut für mich zu sorgen.

In Liebe für mich und das Leben,
Name:
Unterschrift:
Datum:

Wenn du fertig bist, lies dir deine Schattenanrufung laut vor. Das steigert ihre Wirkung, denn damit sprichst du dein Unterbewusstsein unmittelbar an. Leg dir den Brief heute Nacht neben dein Bett. Hast du vielleicht einen Gegenstand, der für dich Kraft und Schutz bedeutet? Ein Edelstein, ein Bild? Stell ihn daneben. Nun bist du gut vorbereitet.

Part 2
Grundprinzipien und Elemente der Schattenarbeit

Als Erstes möchte ich dir meinen Respekt aussprechen! Während 99 Prozent aller Menschen versuchen, vor ihrem eigenen Schatten wegzurennen, sich zu betäuben und sich die Dinge irgendwie schönzureden, bist du so verrückt und liest dieses Buch. Das ist außergewöhnlich und extrem smart. Denn der Schatten macht vor nichts und niemandem halt und taucht meistens genau dann auf, wenn du es am wenigsten erwartest.

Ich glaube an eine tiefe Ordnung in diesem Universum, doch häufig präsentiert sie sich uns Menschlein als Chaos. Dieser Planet ist eine dual konzipierte Lernumgebung. Männlich-weiblich, Sonne-Mond, aber eben auch Licht-Dunkelheit, Gut-Böse, Vollkommenheit-Dreck erzeugen in ihrer Spannung eine Hitze, gegen die wir ein Leben lang kämpfen oder die wir als Schmelztiegel für unsere Transformation und Befreiung nutzen können.

GRUNDLAGEN DER SCHATTENARBEIT

Es gibt drei Grundprinzipien und sieben Elemente der Schattenarbeit, die du kennen musst. Wenn du sie verstehst und erlernst, bist du bereit, den kontinuierlichen Weg der Schattenintegration zu gehen.

Das erste Prinzip der Schattenarbeit: Anerkennung

Das allerallerwichtigste Prinzip der Schattenarbeit ist das Gesetz der Anerkennung. Wenn du etwas anerkennst, beginnt es sich zu entspannen. Neid ist kein Problem, wenn du sagst: »Ich bin neidisch.« Unwissenheit ist kein Problem, wenn du zugeben kannst: »Ich weiß es gerade nicht.« Was uns so anstrengt, ist unser innerer Widerstand gegen das, was eh schon da ist. Dann werden die Abwehrmechanismen aktiv, über die wir im letzten Kapitel gesprochen haben. Doch wenn du die Bereitschaft des Anerkennens kultivierst, können sich deine inneren Wächter*innen gelassen zurücklehnen und müssen nicht mehr gegen das ankämpfen, was bereits in der Burg ist. Anerkennung gestattet deinem Bewusstsein, sich endlich mit dieser Sache zu beschäftigen, in sie einzutauchen, ihren Wert zu verstehen und sie so letztendlich zu erlösen. So simpel und doch so genial!

Deshalb möchte ich dich zuerst einladen, vorerst gar nichts verändern zu wollen, sondern dich erst einmal »nur« im Anerkennen zu üben. Beobachte dich in den kommenden Tagen liebevoll aufaufmerksam:

- Wo reagierst du stark?
- Was triggert dich schnell?
- In welchen Situationen erlebst du dich nicht entspannt?
- Welche Themen klopfen immer wieder an deine Tür?

Und wenn dir etwas auffällt, erkenne es einfach an.

Das zweite Prinzip der Schattenarbeit: Demut

In dem Grundlagenwerk *Ein Kurs in Wundern* steht ein Satz, der mir immer wieder hilft, zu mir zurückzukommen, wenn ich merke, dass ich auf irgendetwas stark reagiere. Er lautet: »Ich weiß nicht, was das bedeutet.« Das ist das zweite Grundprinzip der Schattenarbeit. Mach dir bewusst, dass du nie alle Informationen hast, die nötig sind, um eine Situation wirklich beurteilen zu können. Ein Beispiel: Kürzlich wollte ich mit jemand anderem gemeinsam ein großes Projekt angehen. Er schickte mir eine Nachricht, die ich als sehr undankbar empfand. Ich wurde wütend, denn mein Ego wusste natürlich sofort, was das bedeutet: »Der Typ weiß überhaupt nicht zu schätzen, was ich alles für das Projekt getan habe!« Doch dann habe ich mich erinnert: »Veit, tief durchatmen. Du reagierst stark. Scheint also dein Schatten zu sein.« Ich habe meine Wut nach Hause geholt (Projektion) und den darunterliegenden Schmerz des kleinen Veit (Regression), der sich nicht gesehen fühlte. Dann habe ich mich an das zweite Prinzip erinnert: »Ich weiß nicht, was das bedeutet.« Ich habe mich, nun ruhig, um alle Fakten gekümmert und es stellte sich heraus, dass eine wichtige E-Mail dieser Person an mich nicht weitergegeben worden war. Mir fehlte ein wichtiges Puzzleteil. Deshalb: Wo auch immer du am Reagieren bist, erinnere dich an den Satz: »Ich weiß nicht, was das bedeutet.« Irgendwelche wichtigen Informationen fehlen immer.

Das ist die große Tragikomik des Menschen. Wir verfügen über so viel weltliche Power. Wir fühlen so intensiv. Wir sind, in vielerlei Hinsicht, intelligent. Doch wir vergessen immer wieder, dass unsere Wahrnehmung – und zwar in jedem einzelnen Augenblick – extrem begrenzt und verzerrt ist. Meist bekommen wir, wenn unser Schatten getriggert wurde, einen noch engeren Tunnelblick. Unser Gehirn gaukelt uns vor, wir würden sehen, was wirklich passiert, doch das tun wir nie! Und dann treffen wir auf Basis dieses winzigen Ausschnitts an Realität oft destruktive Entscheidungen wie Beleidigen, Trennung, Angriff, bis hin zu Krieg … »… denn sie wissen nicht, was sie tun« heißt ein berühmter Film mit James Dean. Wir können ihn getrost für die gesamte Menschheit adaptieren: »Denn sie wussten bis hierher nie, was sie wirklich tun, beharrten aber dennoch ständig auf ihrem Rechthaben und richteten so immer wieder unermessliches Leid an.«

Für Schattenprofis gilt deshalb: Du wurdest getriggert? Halte inne. Atme tief durch. Lass die Erstreaktion abklingen. Mach dir bewusst, dass du niemals alle Informationen hast. Untersuche, was dich *wirklich* in Aufregung versetzt hat.

Denn du regst dich nicht über das Außen auf, sondern über etwas in dir selbst. Ich höre immer wieder das Argument, über äußere Missstände müsse man sich doch aufregen. Warum? Was sollte der Sinn davon sein? Wenn du ruhig bleibst, wirst du effektiver und mit weniger Kollateralschäden verändern können.

Das dritte Prinzip der Schattenarbeit: Alles in dir

... entspringt dem holografischen Aufbau unseres Universums: In jedem noch so winzigen Sektor ist die Information des gesamten Universums enthalten. Das ist keine Spiriaussage, sondern wissenschaftlich untermauert. Du trägst die gesamte Welt in dir! Das ist ein bedeutsamer Punkt. Denn wenn du weißt, dass du von Natur aus alles in dir hast – das Böse wie das Gute, das Schwache wie das Starke –, dann weißt du auch, dass es überhaupt nichts bringt, dir immer nur das Positive rauspicken und das Negative wegdrücken zu wollen. Alles, was du da draußen zum Kotzen findest, ist letztendlich auch in dir. Noch mal: Du musst das nicht alles ausleben, doch erst wenn du es in dir findest und annehmen kannst, wirst du ihm auch im Außen ruhig begegnen können.

DIE SIEBEN ELEMENTE DER SCHATTENINTEGRATION

1. Wahrnehmen
2. Ownership
3. Untersuchen
4. Unterscheiden
5. Dankbarkeit
6. Frieden mit dem Schatten
7. Selbstliebe

Du kannst

nichts sehen,

was du nicht selbst

auch bist.

WIE FUNKTIONIERT SCHATTENINTEGRATION?

Schattenintegration ist ein Prozess. Das heißt, du kannst nicht einfach mit dem Finger schnippen und dann ist es vollbracht. Nein. So einfach ist es leider nicht. Dieser Prozess besteht aus sieben essenziellen Elementen. Du brauchst ein genaues Verständnis und die Bereitschaft, sie zu üben. Lies sie dir ruhig mehrmals durch. Lass sie in »Fleisch und Blut« übergehen, bis Schattenarbeit völlig selbstverständlicher Bestandteil deines Alltags wird.

WAHRNEHMEN

Das erste Element ist Wahrnehmen. Viele Menschen kriegen gar nicht mit, wenn sie getriggert werden. Lerne also erst mal, dich selbst, deine Gedanken, Gefühle und Körperreaktionen achtsamer wahrzunehmen. Für mich war und ist da Meditation die Methode der Wahl (siehe Anhang). Wenn du kleinliche, hinterfotzige, hasserfüllte, gierige Gedanken hast, dann hast du die erst einmal. Wenn du wütend bist, bist du wütend. Wenn du Angst hast, hast du Angst. Beschleunigter Puls, Schweißausbrüche, Kloß im Hals? Einfach erst mal wahrnehmen. Okay?

Besonders Menschen mit einem hohen Idealbild von sich selbst wollen diese Stufe gern überspringen. Sie wollen erleuchteter sein, als sie sind. Nein! Erkenne doch erst mal den kleingeistigen Fuzzi in dir an. »Ja, ich weiß, das ist lächerlich, aber es triggert mich total. So ist es eben.« Es ist wichtig, dass du möglichst ehrlich und genau enttarnst, was du da so alles fühlst und denkst.

- »Ich bin unsicher.«
- »Ich bin wütend.«
- »Ich finde diesen Menschen einfach scheiße! Punkt.«

Wahrscheinlich wirst du schon mal eine erste Entspannung spüren. Der Elefant, der die ganze Zeit im Raum stand, wird anerkannt!

OWNERSHIP

Wenn du herausgefunden hast, was dich triggert, lautet der zweite Schritt *Ownership*. Ownership bedeutet wörtlich übersetzt: Inhaberschaft. Was, würdest du sagen, ist das Entscheidende an deinem Eigentum? Genau! Dass es dir gehört. Bei Ownership geht es also darum zu begreifen, dass diese Angelegenheit wirklich *deine* ist. *Du* hast dafür die Verantwortung. Das ist leicht geschrieben, kann aber in der konkreten Situation verdammt schwer sein. Denn wenn du getriggert wirst, sieht es immer erst mal so aus und fühlt es sich so an, als wenn die Ursache nicht in dir, sondern im Außen liegt.

Doch das ist ein Irrtum. **Sie liegt immer in dir.** Denn wo finden denn deine Gedanken und Gefühle zu der Situation statt? In dir!

Natürlich passieren um dich herum Sachen. Doch dein Film dazu ist *dein* Film. Jemand anderes schaut auf dasselbe Setting und reagiert ganz anders. Du kannst zu dieser Sache nur etwas fühlen, was in dir ist. **Du kannst in dieser Welt nichts wahrnehmen, was du selbst nicht bist.**

Allein die Tatsache, dass du etwas als böse oder falsch oder ignorant wahrnehmen kannst, heißt, du hast dieses Böse, Falsche, Ignorante in dir. Das, was du draußen siehst, hast du auch in dir. Ich sage nicht, dass du das auch lebst. Ich sage nicht einmal, dass es Teil deiner Persönlichkeit ist. Doch es ist offensichtlich in deinem unendlichen Selbst als Aspekt vorhanden, sonst würdest du es weder registrieren noch so stark darauf reagieren können.

Und hier trennt sich die Spreu vom Weizen beziehungsweise die vielen, die gern mal schlau über Schattenarbeit reden wollen, von den wenigen, die tatsächlich bereit zur Arbeit sind. Denn es ist natürlich eine demütigende, verstörende Erfahrung für unser hochglanzpoliertes Ego, den Blick nach innen zu wenden und hier all die Misthaufen zu entdecken, die wir jahrelang im Außen bemeckert haben. Das macht ganz schön still …

Ownership bedeutet also zu sagen: »So sehr mein Geist auch versucht, diese Sache an jemand anderem festzumachen – ich weiß, dass sie mit mir zu tun haben muss. Ich verstehe vielleicht noch nicht, wie genau, aber ich hole diese Energie von der fremden Baustelle zu mir zurück. Ich will frei sein.«

Das ist *die* radikale Wahl aufrechter Schattenarbeit. Der Gamechanger! **Wir regen uns nie aus dem Grund auf, aus dem wir denken, uns aufzuregen.** Erst wenn wir unseren Schatten voll anerkennen, wird sich klar zeigen, was das bedeutet. Deine Wut ist möglicherweise durch deine*n Partner*in getriggert worden, aber sie kommt eigentlich aus deiner tieferen, älteren Schicht deiner Psyche.

»Mein Partner macht mich wütend!« ist die erste oberflächliche Interpretation, mit der sich die meisten Egos zufriedengeben. »Ursache für das Problem geklärt. Ich bin es nicht. Super!«

»Was genau macht mich denn an meinem Mann wütend? Woher kenne ich das denn? Kann es sein, dass mich die Gesten dieses Mannes an eine alte Verletzung erinnern? Kann es sein, dass ich in Wahrheit Wut nur als Abwehr verwende, um nicht noch mal in diesem alten Schmerz berührt zu werden? Oder spiegelt mir mein Mann ein Verhalten wider, was ich eigentlich an mir zum Kotzen finde?« Und schon sieht die Geschichte ganz anders aus.

Du bist nicht genervt von einem Menschen oder einer Situation in der Gegenwart. Sondern sie triggern etwas in dir, was vorher bereits da war. So rennen wir urteilend und angreifend durch die Gegend, regen uns immer wieder neu auf, restimulieren unsere Vergangenheit, ohne sie zu lösen. Dabei fühlen wir uns mächtig im Recht und checken nicht, dass wir uns selbst verarschen. Ownership bedeutet: »Ich hasse es vielleicht, es zuzugeben. Doch das ist *mein* Gefühl. *Mein* Verstand. *Mein* Schatten. Und den hole ich jetzt nach Hause.«

UNTERSUCHUNG

Nun beginnt der dritte Schritt, die Untersuchung. Jetzt geht es darum, wirklich genau hinzuschauen und zu fragen: »Was habe ich denn da draußen gesehen? Was genau ist es, das mich triggert? Warum? Wo finde ich den Spiegelpart dazu in mir?«

Neulich gab es in unserem TV-Studio mitten in einer Liveübertragung (witzigerweise war das Thema Schattenarbeit) ein vermeidbares technisches Problem. Die Zuschauer*innen bekamen eine in Bild und Ton stockende Meditation präsentiert. Meine Erstreaktion war Wut auf den Techniker, der den Mist verzapft hatte. Nach der Sendung nahm ich mir dann Zeit für meinen Schattenprozess. Erst mal habe ich anerkannt, dass ich wütend (und nicht ruhig, wie es meinen Werten entspricht) reagiert habe. Dann habe ich das Ganze in

Besitz genommen. Was hat mich im Außen getriggert? Inkompetenz. Das hätte man doch anders hinbekommen können! Ich habe Unzuverlässigkeit im Techniker gesehen. »Okay, tief durchatmen ... Veit, wenn du Inkompetenz siehst, dann ist das deine Inkompetenz. Wenn du Unzuverlässigkeit siehst, dann ist das deine Unzuverlässigkeit.« Natürlich war gleich mein Ego zur Stelle und protestierte: »Gar nicht wahr! *Ich* habe mich gut vorbereitet! *Ich* habe meinen Part zuverlässig geliefert!« Also forschte ich weiter: »Stimmt das wirklich, Veit?«

Und ich musste mir selbst eingestehen: »Nein, das stimmt nicht. Denn du hast in den Wochen zuvor an bestimmten Stellen gemerkt, dass in der Organisation im TV-Studio nicht alles rundlief. Aber weil du so sehr mit deiner kreativen Arbeit beschäftigt warst, wolltest du nicht stehen bleiben und das Problem ansprechen. Du hast gehofft, dass es sich von allein löst. Du hast die Rolle des Unternehmers vernachlässigt. Wie würdest du das nennen? Inkompetent!« Shit. Meine Untersuchung hat mich zu dem Ergebnis geführt: Ich selbst war unzuverlässig. Ich selbst habe mich nicht richtig eingebracht. Ich war in Wahrheit wütend auf mich, weil ich es hätte verhindern können. Du suchst nach dem, was du da draußen siehst, in dir und entdeckst Dinge, vor denen du sonst die Augen verschließt. Mal kurz auf jemand anderen wütend zu sein ist supereasy. Aber wenn du der Spur ernsthaft nach innen folgst, landest du immer bei dir selbst.

UNTERSCHEIDUNG

Wenn du an diesem Punkt angekommen bist, den Schatten integriert hast – wie willst du dich nun verhalten? Denn Schattenarbeit bedeutet nicht, dass du alles auf dich nimmst und zu allem Ja und Amen sagst. Der Techniker in meinem Beispiel hatte einen Fehler begangen und musste seinen Part der Verantwortung übernehmen. Aber ich konnte dies dann mit ihm wesentlich ruhiger und konstruktiver besprechen und wir haben eine langfristige Optimierung der Prozesse im Studio erreicht.

Wenn Grenzen gezogen werden müssen, müssen Grenzen gezogen werden. Wenn Dinge korrigiert werden müssen, tu es.

Entscheidend ist, ob diese Konsequenzen aus einer Energie von Groll und Verdammung passieren oder aus der Ruhe und Klarheit heraus. Verdammung ist meistens die Energie der Erstreaktion, wenn wir alles auf die andere Seite projizieren. Diese Haltung lässt uns *gut* fühlen. Da drüben ist der Bösewicht und hier sind wir, die Guten. Doch selbst wenn der andere wirklich einen Fehler gemacht hat, ist diese krass verurteilende Energie nicht förderlich. Sie wertet den anderen ab. Sie erzeugt entweder Gegenangriff oder lähmende Schuldgefühle. Außerdem übersehen wir so das Lernpotenzial für uns. Aus dieser größeren, integrierenden Sicht entscheiden und handeln wir wesentlich weiser.

Menschen wie Gandhi oder Mandela sind dafür leuchtende Beispiele. Sie hätten so viele Gründe gehabt, gewaltsam zu reagieren, und wahrscheinlich hätten die meisten Menschen sie voll verstanden. Doch sie blieben friedvoll, untersuchten immer wieder sehr gründlich ihren Schatten und handelten gerade deshalb extrem machtvoll. Unterscheidung bedeutet also, aus der Ruhe (nachdem du deinen Schatten erkannt und integriert hast), basierend auf klaren Werten und Weisheit die angemessenste Entscheidung zum Wohle aller zu treffen.

DANKBARKEIT

Schattenintegration bereichert und befreit dich ungemein! Wenn es dir gelingt, etwas Verdrängtes zu dir nach Hause zu holen, ist es heilsam, dich für die Erkenntnisse zu bedanken. So vollendest du den Prozess und erkennst den Wert noch einmal bewusst an. Egal wie bitter die Lektion vielleicht geschmeckt hat – deine Dankbarkeit verwandelt sie in echte Medizin. Im Zen gibt es ein altes Sprichwort: »Nicht der Lehrer ist die Ursache für den Wert einer Lektion. Es ist die Reinheit der Haltung des Schülers.« Das Universum kann dir deine Lektionen in kleinen, leicht verdaubaren Häppchen auf dem Silbertablett servieren. Wenn du bockig bist, wirst du sie immer noch nicht nehmen können. Doch wenn du dem Leben offen und lernbereit begegnest, wirst du auch den größten Misthaufen in fruchtbaren Kompost für deine Transformation verwandeln. Deshalb sag und fühle ehrlich »Danke!«, nicht nur für die Sonnenstrahlen, sondern auch für den Schmerz und die Bitterkeit, die dir die Gesandten deiner Freiheit präsentieren. Dann realisierst du irgendwann: Das gesamte Universum steht auf deiner Seite und wirkt an deiner Befreiung mit. Es gibt keine fehlerhafte Lieferung. Alles sind maßgeschneiderte Pakete für dich. Wenn du zurückschaust, wirst du auch erkennen, dass sie nie zu groß waren. Immer gerade so, dass du sie meistern konntest. Also wenn du mich fragst, sieht es so aus, als wenn dich, seit du geboren wurdest, eine unsichtbare Kraft, die dich sehr, sehr gut kennt, begleitet und liebevoll in eine Richtung stupst. Also hör auf zu zappeln. Schluck die Medizin und sag Danke!

IN FRIEDEN KOMMEN

Mal ganz ehrlich, unter uns: Wenn uns etwas nervt, schmerzt, beängstigt, wollen wir da nicht alle die Sache am liebsten ignorieren oder zumindest so schnell wie möglich weghaben? Durch das bisherig Geschriebene ist dir hoffentlich klar geworden, dass all die Vermeidungsstrategien kurzfristig funktionieren, langfristig aber keine Optionen sind. Es ist, als ob du dir angewöhnst, deinen Dreck unter den Teppich zu kehren, bis der Scheiß anfängt, so richtig zu stinken, vielleicht sogar zu explodieren, und dir um die Ohren fliegt.

Dein Schatten wird dich immer wieder einholen. Du wechselst einen nervigen Beziehungspartner aus. Dreimal darfst du raten, was mit dem nächsten passiert. Du ziehst um. Du wechselst den Job. Manche lassen sich sogar von einem Guru einen neuen Namen geben. Das Problem? Du veränderst alle Elemente in der Gleichung, nur eines nicht: deinen Schatten. Also hör auf, ihn zu ignorieren. Wo auch immer du hinkommst, er ist auch da.

Hör auf, ihn zu bekämpfen, denn das gibt ihm noch mehr Macht über dein Leben. **Schließe Frieden mit ihm!**

Das heißt nicht, dass du ihn immer toll findest oder zwischen euch immer Harmonie herrscht, sondern dass er *sein* darf. Ich finde meine hässlichen, schwachen, wütenden, ... Anteile immer noch nicht toll. Warum auch? Sie sind es nicht. Sie sind hässlich, schwach, wütend, ... Ich nenne einen Kaktus auch nicht Kuschelbär. Doch ich bin in Frieden damit, dass sie da sind und dass sie sich hin und wieder,

Dein Schatten
wird dich
immer wieder
einholen.

wahrscheinlich bis zu meinem Lebensende, melden werden. Um mit etwas Frieden zu schließen, muss ich es verstehen. Ich muss einen Sinn darin sehen und einen Weg finden, konstruktiv damit umgehen zu können.

Das Böse, Dunkle, Unvollkommene wirkt nur so mächtig, weil wir uns vor ihm verschließen und so weder seinen Sinn erkennen noch seine Entstehung verstehen noch einen konstruktiven Umgang damit finden können. Ein sehr trauriges Beispiel mit katastrophalen Wirkungen ist die Verteufelung der Lust durch die katholische Kirche. Anstatt diese vitale Kraft des Lebens ins Licht zu holen, wurde sie in den Schatten verdammt. Ein Priester, der Lust als seine Feindin ansieht, kann ihren Sinn nicht erkennen, ihre Wurzel nicht verstehen und erst gar nicht konstruktiv mit ihr umgehen. Das kollektive Ergebnis sind zum einen so viele unglückliche, vom Leben abgeschnittene, nicht wirklich erfüllte Priester und dann natürlich zum anderen so, so viele schreckliche Missbrauchsfälle, ausgelöst durch die in den Schatten gezwungene und dort pervertierte Lust.

Mutige Schattenforscher*innen gehen mit erhobener Fackel in ihre eigene Dunkelheit. Sie wollen das Monster sehen und verstehen.

Vor einigen Jahren interviewte ich einen Mörder. Das Gespräch beschäftigte mich schon Wochen vorher. Unruhe, Furcht, Verurteilung, ... kamen an die Oberfläche. Am liebsten hätte ich gesagt: »Damit will ich nichts zu tun haben.« Eine klassische Schattenabwehrreaktion. Doch dann traf ich eine Wahl: »Ich schließe Frieden mit der Tatsache, dass dieses furchtbare Phänomen Mord derzeit noch in der Menschheit existiert. Ich wähle, mich auf diese Begegnung voll einzulassen.«

Das heißt nicht, den Mord gutzuheißen oder mit dem Mörder zu sympathisieren. Das ist ein großes Missverständnis. Es heißt auch nicht, dass du dir unbedingt vorstellen musst, wie du selbst jemanden ermordest. Nein, einlassen heißt in diesem Fall zu versuchen, zu verstehen und nachzuempfinden:

Wie kommt ein Mensch an den Punkt, dass er mordet?

Wie ist das möglich?

Wie sieht der Moment kurz davor aus?

Welcher Schatten wurde wohl in ihm getriggert, den er nicht in Frieden willkommen heißen konnte?

Diesen Fragen nachzugehen, nicht nur intellektuell, sondern vor allem im Gefühl, ist richtig Arbeit. Es ist ein Abstieg in die Dunkelheit. Du suchst den Teil in dir, der, wenn er unter ähnlichen Umständen so fühlen und denken würde wie dieser Mensch, morden könnte. Ja, du suchst den Mörder, die Mörderin in dir.

Und wenn du da angekommen bist, wirst du spüren, dass sich alles verändert. Du zeigst plötzlich nicht mehr arrogant und richtend auf den Menschen da draußen. Du wirst ganz still. Du empfindest eine tiefe Dankbarkeit, dass dich das Leben nie so weit versucht hat, dich nie selbst über diese Grenze gepusht hat. Du entwickelst Mitgefühl, denn du weißt jetzt, wie es so weit kommen kann.

Du verstehst jetzt – mental und emotional –, warum es in der Geschichte der Menschheit immer wieder zu diesen furchtbaren Taten kam. Der Mörder, die Mörderin in dir lehrt dich. Du reifst und du respektierst, dass es diesen Aspekt in der menschlichen Seele gibt. Und nur weil du nicht mehr von einem Punkt der oberflächlichen, pauschalen Verdammung kommst, kannst du nun Part der Lösung sein.

Du kannst anfangen, darüber nachzudenken, wie wir alle mit diesem Aspekt sinnvoller, konstruktiver umgehen können. Gibt es eine Möglichkeit, den Mörder in uns so bewusst zu integrieren, dass er/sie nicht mehr wirklich morden muss?

Ich habe bewusst ein sehr extremes Beispiel gewählt. Ich bin nicht der Meinung, dass jede*r von uns in jeden Abgrund absteigen muss. Es ist okay, wenn du deine Grenzen akzeptierst. Doch wenn du dein Leben aufmerksam beobachtest, wirst du bemerken, dass es dir Boten deines Schattens sendet. Wenn es Zeit ist, einen bestimmten Aspekt nach Hause zu holen, wird er sich vermehrt in deinen Mitmenschen, Träumen, Situationen oder körperlichen Symptomen zeigen. Am Anfang schiebst du ihn vielleicht noch weg. Doch er meldet sich wieder. In einem anderen Menschen, einem weiteren Traum ... Irgendwann, wenn du smart und mutig bist, verstehst du und sagst: »Okay, dann komm her. Ich bin bereit, mit deiner Existenz Frieden zu schließen. Vielleicht werden wir nie Best Buddies. Doch ich bin bereit zu akzeptieren, dass du da bist, und ich werde dich jetzt kennenlernen.«

Das Gespräch mit diesem Menschen war sehr herausfordernd für mich und ich bin nicht scharf darauf, dieser dunklen Ecke meiner und der kollektiven menschlichen Seele jeden Tag zu begegnen. Doch es hat mich von moralischer Arroganz befreit. Am Ende saß da kein Mörder vor mir, sondern ein Mensch, dem ich aufrichtig Erlösung und Vergebung wünschen konnte.

Die meisten Menschen assoziieren mit Utopia oder Paradies einen Zustand der Menschheit, in dem es keinen Schatten mehr gibt. Keine Zwietracht, keine Angst, keine Gier. Am besten gar keine Schmerzen, keinen Verlust, kein Chaos mehr. Ich verstehe diesen Wunsch, doch ich habe irgendwann realisiert, dass er mich schwächt. Denn er führt zu einer Weigerung, den nun mal existierenden Niederungen der Menschheit mitfühlend und forschend zu begegnen. Und so werde ich ihn immer wieder nach außen projizieren und Schuldige erschaffen müssen. Vielleicht geht es gar nicht darum, unseren Schatten vollständig in Licht zu verwandeln. Vielleicht liegt eine der zentralen Aufgaben eines reifen Lebens darin, seine Existenz zu akzeptieren und ihm eine friedvolle Erlösung in mir anzubieten.

Wie oft betrachten wir die Boten unserer Schattenaspekte als Feinde? Sie klopfen in Form unbequemer Ereignisse und nervender Menschen an und wir gehen sofort mit unserer Energie dagegen an. Wir lenken uns ab, lästern oder wüten. Wir wollen, dass der Auslöser wieder aus unserem Leben verschwindet. Das ist verständlich. Aber die Beziehung zu diesem Aspekt deines Schattens zu heilen heißt zu akzeptieren, dass er da ist. Heißt, den Widerstand gegen ihn loszulassen und bereit zu sein, eine Beziehung zu ihm aufzubauen und ihn nach Hause zu holen. Es kann sein, dass der Aspekt, was auch immer es ist (Schmerz, Neid, Hass, Trauer, …), durch dieses aufrichtige Willkommen bereits erlöst wird und sich nie wieder meldet. Doch eine erwachsene Haltung deinem und dem kollektiven Schatten gegenüber akzeptiert vor allem, dass er da ist:

»Was wäre, wenn dieser Aspekt meines Schattens bis zu meinem Lebensende bleibt? Bin ich bereit, mich ihm zu öffnen? Bin ich bereit, ihn mit meinem Bewusstsein zu durchdringen? Bin ich bereit, ihn als meinen Lehrmeister zu akzeptieren?«

Mit anderen Worten: Schattenarbeit bedeutet, so lange mit dem Schatten zu arbeiten, bis ich in Frieden damit bin, wenn er bleibt.

SORGE GUT FÜR DICH

Schattenarbeit ist nichts, was du einfach mal so nebenbei machst. Nein, du musst dich darauf einlassen. Und du musst unterwegs auf dich achtgeben. Sonst überforderst du dich und bist überhaupt nicht in der Lage, deine Schatten zu integrieren.

Gut für dich zu sorgen bedeutet erstens, dass du dir – wenn möglich – dein eigenes Tempo gönnst. Wenn du an einem bestimmten Punkt für dich eine Grenze erreicht hast oder eine Pause brauchst, dann ist das total okay. Schattenarbeit ist kein logisch-linear abzuarbeitender Prozess. Es gibt Tage, an denen du denkst, eigentlich müsste es dir, gemessen an den Umständen, dreckig gehen. Doch du fühlst dich leicht und voller Freude. Wenn du mich fragst, genieß die hellen Tage. Wir müssen nicht krampfhaft in der Sch… wühlen. Es gibt allerdings auch Tage, da fliegt dir dein Mist um die Ohren, ob du willst oder nicht. Da wäre es fatal, sich zu wehren. An solchen Tagen solltest du vor allem innerlich Ja! zum Prozess sagen, dich ihm hingeben, alles fühlen. Gib dir Raum. Raum geben heißt auch: Alles darf sein. Es muss im Leben nicht immer alles super laufen. Du kannst auch einfach mal in Ruhe einen Scheißtag haben, dich wütend oder traurig fühlen.

Mein Tipp ist, führe ein Licht- und Schattentagebuch. Wenn du merkst, dass etwas in dir rumort, lass die Worte einfach aus dir fließen. Dann werden die Dinge häufig klarer. Meist verbirgt sich unter unserer ersten Interpretation der Dinge in Wahrheit noch eine tiefere

Du musst nicht
immer alles auflösen.
Du kannst auch
in Ruhe mal einen
Scheißtag haben.

Schicht. Das spontane Schreiben kann dir helfen, in die Tiefe zu tauchen. Gut für dich zu sorgen bedeutet auch, Freundschaften zu kultivieren, in denen du ehrlich über alles sprechen kannst, ohne gleich therapiert oder mit Ratschlägen überhäuft zu werden. Es kann zum Beispiel hilfreich sein, wenn du mit jemandem, dem du vertraust, über die Gedanken sprichst, die das Buch in dir auslöst. Bitte ihn oder sie, dir einfach mal eine halbe Stunde lang zuzuhören. Ich kann auch freies Malen sehr empfehlen, um deiner Seele Raum zu geben. Nimm dir ein Blatt Papier, ein paar Stifte (verschiedene Phasen) und male drauflos. Starte ohne fixe Idee. Lass deine Hand frei. Lass dich überraschen, was da aus dir heraussprudelt.

Du findest im Downloadbereich zum Buch einige wohltuende Meditationen, die dir helfen, dich in dich hinein zu entspannen, deinen Gefühlen Raum zu geben und ihre tiefere Weisheit sanft zu erforschen. Wenn du merkst, dass du innerlich bewegt bist, tu gerade dann Dinge, die dich stärken. Ernähre dich gesund. Verzichte auf Drogen, besonders Alkohol. Geh spazieren. Power dich im Sport aus. Gönne dir eine Badewanne. Geh in die Sauna. Meditiere. Geh in die Natur. Die Natur ist der Versöhner unseres Schattens. Lehne dich an einen Baum und sage: »Es ist gerade turbulent in mir. Du bist der Zugang zu einem riesigen, komplexen Universum. Gib mir Halt.« Und du wirst sehen, der Baum wird dir neue Kraft geben. Höre dir deine Lieblingsmusik oder dein Lieblingshörbuch an. Erstelle, wenn es dir gerade gut geht, eine Liste von Dingen, die dir guttun. Hänge die Liste gut sichtbar auf und wende sie konsequent an, wenn dein Schatten rumort. Also, sorge bitte richtig gut für dich – nicht nur heute, sondern generell in deinem Leben!

ZUSAMMENFASSUNG

1. **Wahrnehmen**. Lerne immer bewusster wahrzunehmen, wann und wie du getriggert wirst. Egal, wie albern oder peinlich dir deine Reaktion erscheint, nimm sie an.
2. **Ownership**. Atme tief durch und mach dir klar, dass es immer dein Schatten ist, auf den du reagierst.
3. **Untersuchen**. Wende den Blick nach innen. Welcher Aspekt deiner Psyche möchte ans Licht? Nutze die Meditationen und den Fragebogen im Downloadbereich. Suche nicht nach DER einen Auflösung des Rätsels. Manchmal holt der Trigger einen ganzen Komplex an Themen, Gefühlen, Glaubenssätzen an die Oberfläche.
4. **Unterscheiden**. Wenn du deinen Schatten gefunden und integriert hast, triff nun auf Basis von Besonnenheit und klaren Werten eine Wahl, wie du angemessen mit der Situation umgehen kannst.
5. **Dankbarkeit.** Sei dankbar für die wertvollen Lektionen deines Schattens. Das erleichtert die Kommunikation mit ihm.
6. **Frieden**. Verfalle nicht dem Irrtum zu glauben, du könntest deine Schattenthemen irgendwann vollständig auflösen. Deine Psyche ist unendlich und dies ist ein dualer Lernplanet. Schatten gehört dazu. Schließe Frieden mit seiner Existenz.
7. **Selbstliebe.** Sorge immer gut für dich. Besonders in turbulenten Transformationszeiten. Respektiere deine Grenzen in der Schattenarbeit. Du musst dich nicht sofort mit allem konfrontieren. Alles hat seine Zeit.

Part 3
Das Gute und das Böse

Dieser Teil hat es in sich. Denn ich möchte mit dir über das *Gute* und das *Böse* sprechen. Das Böse ist einer unserer mächtigsten kollektiven Schatten und in der Regel versuchen wir, es zu meiden. Sein Gegenpol ist das Gute, nach dem wir streben. Das Böse wird in der Regel mit dem Dunklen, Unheimlichen in Verbindung gebracht und das Gute mit dem Hellen, Lichtvollen. Aber je länger du dich mit diesem Thema beschäftigst, desto mehr wirst du feststellen, dass die Angelegenheit ungemein vielschichtig ist. **Was, wenn es eine so eindeutige Unterscheidung zwischen Gut und Böse gar nicht gibt?** Um dies zu ergründen, müssen wir ein wenig ausholen. Wir werden uns mit der Struktur unseres Denkens beschäftigen sowie mit kollektiven Mythen, um schließlich dem Bösen in uns selbst nachzuspüren. Das erfordert Mut und Respekt. Im Grunde geht es hier um diese eine Frage: **Wenn du die Wahl hättest zwischen Gutsein und Ganzsein, was würdest du wählen?**

DER SCHATTEN DER GUTMENSCHEN

Hand aufs Herz: Möchtest du nicht auch am liebsten einfach nur gut sein? Immer alles richtig machen? Stets das Gemeinwohl im Auge haben? Edle Taten vollbringen? Mit anderen Menschen in Frieden leben? Und natürlich von allen anderen auch als guter Mensch erkannt und geliebt werden?

Tja, nettes Wunschdenken, kann ich da nur sagen! Vermutlich wäre dein Leben dann auch ziemlich langweilig, oder? Aber dieses Problem stellt sich dir ohnehin nicht, denn niemand von uns ist gegen das Böse gefeit. Es ist ein Teil des menschlichen Lebens. Und falls du jetzt gerade aufschreist: »Bei mir nicht, Veit, ich bin immer gut!«, kann ich nur sagen: Warte das Ende des Kapitels ab! Lass uns also das Böse erforschen – und zwar nicht bei irgendwelchen Kriminellen, sondern bei den sogenannten Gutmenschen. Das meine ich nicht abfällig; ich bin ja selbst in der Tiefe meines Herzens der absolute Gutmensch. Aber gerade weil wir Gutmenschen so hohe Ansprüche an uns und andere stellen, ist es lohnend, sich mit unserem Schatten zu beschäftigen.

Achtung, Schattenwarnung! Wenn du dazugehörst, werden dich die kommenden Seiten eventuell wütend machen.

Was ist ein Gutmensch? Er lebt in einer Art kulturellen Blase, die es ihm ermöglicht, relativ gut zu sein und sich vor allem dem noch nicht so weit entwickelten Rest der Menschheit überlegen zu fühlen.

Du hast genug zu essen, du hast ein Dach über dem Kopf; du lebst in einer Gesellschaft, in der du deine Meinungen frei äußern kannst. Du führst, selbst wenn du das nicht so empfindest, ein sehr elitäres Leben. Sehr wahrscheinlich hast du es dir so organisiert, dass du meist von Gleichgesinnten umgeben bist. Und aus diesem Schlaraffenland heraus verkündest du nun dem Rest der Welt, was er anders machen sollte. Vegan essen, jeden Morgen eine Stunde Yoga, Tempolimit bei 130, ab sofort kein Plastik mehr benutzen, dem Flow des Lebens folgen und so weiter und so fort. Du bist bereits in einer Art Sicherheits-Wohlstands-Wellness-Eldorado angekommen, hast es dir gemütlich gemacht und gibst nun den anderen 90 bis 95 % der Menschheit kluge Ratschläge.

Weißt du, was das ist? Das ist nicht *gut*. Das ist *arrogant*. Diese zum Teil versteckte, zum Teil offen zur Schau getragene Arroganz (Ich bin besser, weiter, erleuchteter, … als du!) ist ein mächtiger Schatten von Gutmenschen. Denn was sie gern ausblenden, ist die Tatsache, dass es einfach ist, für extrem komplexe Probleme stark vereinfachende Lösungen zu erdenken, wenn du a. nicht im Dreck stehst und b. gar nicht in der Verantwortung bist.

Stell dir vor, heute Nacht erlaubt sich das Universum einen Spaß und du wachst morgen früh auf und bist Präsident*in der USA. Du wirst um 5 Uhr morgens aus dem Bett gerissen, keine Zeit mehr für dein Morgenmantra und den Matchatee. Du wirst hastig in den sogenannten WAR-Room gebracht und mit einer Entscheidung konfrontiert, die du innerhalb der nächsten 30 Minuten treffen musst: Im Sudan sind einhundert Mädchen von Islamisten entführt worden. Hier sind deine Optionen:

A. Du schickst ein Bataillon Soldaten in das Land. Die Wahrscheinlichkeit ist relativ groß, dass viele von diesen Soldaten getötet werden. Du wirst derjenige sein, der später den Familien Kondolenz zeigen muss. Es kann sein, dass dich das deine Wiederwahl kostet, und du wirst so viele der von dir angestrebten Reformen nicht mehr umsetzen können.
B. Du sendest eine Drohne. Die Soldaten werden geschont, doch es könnte zu Kollateralschäden in der Bevölkerung kommen. Du wirst in die Geschichtsbücher als ein böser, kriegstreibender Mensch eingehen.
C. Du machst nichts. Die Mädchen werden vergewaltigt, versklavt und viele von ihnen sterben.

30 Minuten, die Zeit läuft …

Tja, was machst du jetzt als Gutmensch mit all deinen so wunderschön klingenden pazifistischen Konzepten? Mit welcher der drei Optionen wirst du nur *gut* handeln können? Egal, welche Entscheidung du triffst – jede davon wird unschuldige Menschenleben fordern. Und sei dir sicher, die Welt wird es danach immer besser wissen und dir die Schuld geben. Ich nehme mit dieser Überlegung auf gar keinen Fall irgendwelche Politiker*innen in Schutz. Die haben auch ihren fetten Schatten! Ich sage nur: Bevor du das nächste Mal mit deinen sauber geleckten Fingern auf jemanden zeigst, der in einer verantwortungsvolleren Position ist als du, und ihm aus der Entfernung schlaue Ratschläge gibst, frage dich: »Habe ich überhaupt eine Ahnung davon, wie komplex die Aufgabenstellungen dieses Menschen sind? Bin ich mir sicher, dass ich es besser machen könnte?«

Ein weiterer Schatten der Gutmenschen ist ihre Naivität. Die Naivität zu denken, wir könnten alles mit Meditation und Umarmung klären. Das sagen sie aus ihrer Wohlstandsblase heraus. Aber nicht umsonst hat schon Bertolt Brecht gesagt: »Erst kommt das Fressen, dann kommt die Moral.« Wie würden wir denn reagieren, wenn wir nichts mehr zu essen hätten? Was, wenn plötzlich Krieg vor unserer Haustür wäre? Wie viel Bestand hätten dann all unsere idealistischen Hipsterattitüden? Ich habe früher in einem unserer Seminare einen Ablauf von scheinbar harmlosen Spielen benutzt, um dem gesamten Raum voller aufgeklärter Menschen zu zeigen, wie sie sich alle innerhalb einer Stunde in eine extrem aggressive, in Lager unterteilte Meute verwandelten. Dreimal darfst du raten, wer am auffälligsten negativ agierte. Es waren meist diejenigen, die davor ganz groß *Harmonie und Licht* auf ihren Fahnen stehen hatten. Auch wenn du vielleicht gerade denkst: »Ich nicht!«, glaube mir, wenn es hart auf hart kommt, trennen sich die meisten Menschen sehr schnell von den Idealen, mit denen sie ihre Komfortblase beweihräuchert hatten. Für mich ist dies kein Anlass für Zynismus, sondern für Achtsamkeit. Wenn in einer Psycho-Spiri-Bubble das Licht und das Gutsein besonders stark betont werden, sollten wir uns fragen: Was ist mit dem Schatten, dem Bösen passiert? Wurde es wirklich bewusst integriert oder in den Keller gesperrt und von dort auf andere Bevölkerungsgruppen projiziert?

CHALLENGE:
Erforsche das Böse

Jetzt bist du dran! Nun ist es an dir, das Böse zu erforschen. Diese Übung ist wichtig, denn ansonsten bleibt das Böse ein schwammiges Konzept und es wird dir schwerfallen, mit deinem Schatten in Kontakt zu treten. Je konkreter du die folgenden Fragen beantwortest, desto besser. Du musst sie auch nicht alle in einem Rutsch beantworten. Oft ist es so, dass diese Fragen in uns arbeiten und wir erst am nächsten Tag oder einige Tage später eine Antwort in uns finden.

→ *Was ist für dich das Böse?*

→ *Glaubst du, dass es sich auflöst oder weniger wird, wenn du es verdammst?*

→ *Was genau macht dir an diesem Bösen Angst?*

→ *Welche lebenden Menschen fallen dir ein, wenn du an das Böse denkst? Welche Eigenschaft an ihnen bewertest du als böse? Gibt es diese Eigenschaft auch in dir?*

→ *Welche Eigenschaft an dir bewertest du als schlecht, böse, dunkel?*

→ *Was löst der Gedanke in dir aus, böse zu sein?*

→ *Wo hältst du dich für besser, liebevoller als andere Menschen?*

→ *Was braucht das Böse in dir, um Frieden zu finden?*

DUALES UND INTEGRALES DENKEN

In unserer Sprache und im Denken gibt es Polaritäten, die wir gar nicht mehr hinterfragen: gut – böse; schwarz – weiß; rechts – links; oben – unten; Himmel – Hölle. Und so weiter. Dir fallen sicher noch viele weitere ein. Solche Gegensätze haben eine praktische Funktion, sie helfen uns dabei, uns in der Welt und in unserem Leben zu orientieren. Aber angesichts dessen, was wir gesagt haben – dass jeder von uns alles in sich trägt –, sind diese Polaritäten doch eigentlich merkwürdig. Wo kommen sie überhaupt her? Wieso neigen wir Menschen dazu, in harten Gegensätzen zu denken? Und sind die Übergänge zwischen den Polen wirklich so klar?

Lass uns beim Ursprung beginnen. Unser gesamtes Universum wurde aus der Dunkelheit geboren. Vor dem Urknall gab es einfach nur tiefschwarze Leere. In dieser Dunkelheit entstand eine immense Lichtquelle (so wie manchmal aus dem schlimmsten Bösen etwas unglaublich Gutes entsteht). Das ist kein Zufall. Licht kann nur existieren, weil es Dunkelheit gibt. Und Dunkelheit existiert, weil es Licht gibt. Licht und Dunkelheit bedingen einander. Sie bilden, wenn du so willst, eines der ersten Gegensatzpaare. Aus der Dunkelheit ist Licht entstanden und aus diesem Licht ist das gesamte Universum entstanden. Diese beiden Urkräfte (Dunkelheit/Leere/Formlosigkeit – Licht/Fülle/Form) sind so fundamental, dass sie unser gesamtes

Universum strukturieren. Ihnen entspringen im Laufe der kosmischen Evolution viele weitere Gegensatzpaare. Deshalb ist das Universum, in dem wir momentan leben, dual. Es gibt Licht und es gibt Dunkelheit, Tag und Nacht, kalt und warm … und diese Dualismen prägen unser Denken. Unser Verstand arbeitet überwiegend mit Gegensätzen, um sich zurechtzufinden. Das ist praktisch, aber auch sehr begrenzend. Denn wer alles nur dual erfasst, verpasst die tiefere Dimension der Wirklichkeit, in der es keine Trennung gibt.

Doch wir können unser Bewusstsein weiterentwickeln! Vom *dualen* hin zum *integralen* Denken und sogar noch weiter zum *holistischen*. Wenn du im dualen Denkmodus operierst, musst du dich immer für eine Seite entscheiden: »Entweder das eine ist richtig oder das andere. Das eine muss gewinnen und das andere muss weg! Entweder gut oder böse.« In diesem Denkmodus kannst du nicht akzeptieren, dass jemand die Welt anders sieht als du. Denn du stehst ja auf der *richtigen* Seite, stimmt's? Wenn du dann in dir selbst widersprüchliche Impulse, Vorlieben oder Ansichten wahrnimmst, löst das natürlich Stress in dir aus. Denn in deinen Augen kann nur immer eins davon richtig sein. Du denkst zum Beispiel: »Entweder ich bin ein Erfolgsmensch *oder* ein Idealist. Entweder das war ein Fehler *oder* es war richtig. Ich habe die Wahl *oder* ich habe sie nicht.« Du kannst dir nicht vorstellen, dass beides möglich ist. Dual heißt: entweder gut oder böse. Punkt, aus. Und natürlich hoffst du, dass du selbst auf der Seite der Guten stehst. Jetzt kommt es: Damit du dich so richtig sicher und klar auf der Seite der Guten wähnen kannst, musst du andere Menschen ganz klar auf der bösen Seite sehen. Die Abgrenzung von ihnen lässt dich überhaupt erst fühlen, dass du der/die Gute bist.

Dein

höheres Selbst

kennt kein

Gut und Böse,

es sagt einfach

Ja zu dir.

Hart ausgedrückt: Du benutzt sie. Auf der dualen Ebene wird es nie Frieden geben. Auf dieser Ebene werden Gut und Böse immer gegeneinander kämpfen. Sie brauchen sich, um sich zu profilieren.

Doch du kannst deinen Geist über diese duale Ebene hinweg in ein integrales Denken entwickeln. Das darf ich in meiner Arbeit, in der ich Menschen seit vielen Jahren auf ihrem Weg der integralen Selbstverwirklichung begleite, immer wieder erleben. Wenn du offen bist und dich weiterentwickelst, erlebst du irgendwann einen Quantensprung im Denken. Das ist keine Übertreibung! Du bist plötzlich fähig, die Dinge integral zu betrachten. Das bedeutet sehr vereinfacht: *sowohl als auch*. Auf dieser Ebene verstehst du plötzlich, dass beides geht und alles miteinander tanzt. Plötzlich ergeben all die scheinbaren Widersprüche für dich Sinn und du erkennst die ihnen zugrunde liegende Ordnung. Es gibt ein neues Gutsein, das groß genug für das Böse und das Gute ist. Das ist weder rational noch moralisch voll zu verstehen. Es ist manchmal auch mit dem Herzen kaum zu ertragen. Wenn du siehst, was für schreckliche Dinge in der Welt passieren, will dein Herz natürlich, dass das nie wieder geschieht. Aber wenn es dir gelingt, dich für einen Moment aus deiner dualen und sehr persönlichen Perspektive zu lösen und eine integrale Metaperspektive einzunehmen, dann siehst du, dass alles miteinander tanzt und sich bedingt. Das Böse bringt das nächste Gute hervor und auch wenn wir es nicht wahrhaben wollen, birgt das Gute häufig bereits den Samen für das nächste Böse.

Ein Mensch begeht ein schlimmes Verbrechen. Er bereut dies zutiefst und wird danach, um es wiedergutzumachen, das Leben von Tausenden Menschen retten. Ein anderer macht eine tiefe, reine spirituelle Erfahrung von Licht und Einheit. Er spricht darüber zu anderen Menschen. Eine Kirche, eine Religion entsteht. Im Namen dieser Kirche werden irgendwann Millionen von Menschen in Kreuzzügen barbarisch getötet. Verstehst du, was ich meine?

Das Kind in uns möchte gern eine reine, sauber getrennte Welt. Doch die gibt es nicht. Solange wir krampfhaft versuchen, an dieser polaren Vorstellung festzuhalten, werden wir entweder uns selbst oder andere als *böse* verdammen.

Integrales Denken ermöglicht uns nicht nur, Widersprüche zu ertragen, sondern sie sogar zu genießen, weil wir mit einer Urkraft der Schöpfung in Kontakt kommen, die beide Seiten hervorbringt. Wir erfahren, wie diese Kraft die Reibung zwischen Gut und Böse benutzt, um die Evolution unseres Bewusstseins voranzutreiben.

Was für eine Befreiung, wenn du erkennst, dass es in dir einen absolut erleuchteten Teil und direkt daneben ein Riesenarschloch gibt. Noch mal, weil so wichtig: Du musst dein Böses nicht konkret ausleben, um es zu integrieren. Es reicht, wenn du die menschlichen Ursünden (Hochmut, Habgier, Wollust, Zorn, Völlerei, Neid und Trägheit) in ihren zarten Ansätzen in dir wiederfindest und auch anerkennen kannst. Das hält dich wachsam, demütig und verhindert, dass du deinen Schatten permanent auf andere projizieren musst. Ich garantiere dir, du wirst auch wesentlich mehr Freude am Leben haben, weil du nicht mehr krampfhaft sauber, besser, erleuchtet sein musst. Willkommen in deiner menschlichen Inkarnation!

Tipp: Wenn du mehr über den Quantensprung des integralen Denkens erfahren möchtest, findest du auf unserer Plattform homodea.com einen Kurs dazu: »**Die Ebenen des Bewusstseins**«.

WAS MYTHEN TATSÄCHLICH ERZÄHLEN

Die Frage, ob der Mensch gut oder böse ist, ist ein uraltes Thema und zahlreiche Mythen formulieren diesen Urkonflikt in Form anschaulicher Geschichten. Ein zentraler Mythos über das Böse ist der Höllensturz in der Bibel. Es gibt immer noch Menschen, die glauben, das sei wirklich so passiert: Gott hätte einen Lieblingsengel namens Luzifer erschaffen und weil der Bockmist verzapfte, wurde er aus dem Himmel vertrieben und wurde zum Teufel. Der ist nun für all das Böse verantwortlich. Wenn du einmal nüchtern und logisch darüber nachdenkst, ergibt die ganze Angelegenheit überhaupt keinen Sinn. Warum sollte Gott ein Geschöpf erschaffen, das einen großen Fehler begehen kann, und es in der Folge genau dafür bestrafen? Dann hat doch, wenn wir uns schon auf diese Version einlassen, der Allmächtige selbst das Schlamassel zu verantworten. Also wenn überhaupt, müsste Gott bestraft werden. Doch wenn du eine Weile länger drüber nachdenkst, merkst du, dass die Geschichte ganz schön menschlich schmeckt! Kommen dir die Eigenschaften, die wir Gott zuschreiben – die Allmacht, die Güte, die Strenge –, nicht bekannt vor? Klingt das nicht wie der fantasievolle Traum eines Kindes über seinen Daddy? Und was ist mit den Eigenschaften, die wir dem armen Teufel in die Schuhe schieben? Er will Macht; er will recht haben; er will sich nicht nach den kosmischen Gesetzen richten, sondern tun und lassen, wie es ihm beliebt. Das klingt für mich ziemlich vertraut. Für dich auch?

Warum gibt es diese Geschichten? Welche psychologische Funktion haben sie für uns? Warum haben sie sich so lange gehalten? Wenn du dich mal frei machst von allem, was dir in der Schule oder im Konfirmandenunterricht beigebracht wurde, gewinnst du einen frischen, frechen Blick auf diese alten Mythen.

Vielleicht waren diese Geschichten einmal sehr wichtig für uns, um unsere innere duale Spannung zu ertragen. Weil wir weder den Mut noch die Reife hatten, dem Teufel in uns zu begegnen, haben wir ihn in eine Geschichte projiziert. Und vielleicht kann das erfolgreichste Unternehmen aller Zeiten, dessen gesamtes Geschäftsmodell darauf beruht, Menschen in der Dualität von Gut und Böse gefangen zu halten, gar nicht anders, als die alte Geschichte am Laufen zu halten. Ein zentrales Geheimnis aller mächtigen Massenbewegungen – egal ob Diktatur, Kirche oder Fußballspiel – ist die Notwendigkeit eines äußeren Gegners. Das vereint und es lenkt vom eigenen Scheiß ab. Wenn ich Millionen von Gläubigen dazu bringe, auf einen externalisierten Heiland und einen Teufel zu starren, hindere ich sie daran, die Glorie des einen und den Dreck des anderen in sich selbst zu finden. Mal abgesehen davon, dass sie so hoffentlich nicht auf so profan-praktische Fragen kommen, wie: »He, lieber Papst und liebe Bischöfe, wie wäre es denn, wenn ihr anfangt, all eure überbordenden Reichtümer im Namen der Liebe mit allen zu teilen?« Angenommen, ich würde als Christ*in oder Muslim*in ein integrales Verständnis von Gut und Böse entwickeln, wäre ich wahrscheinlich wesentlich selbstermächtigter. Ich wäre in der Lage, mich selbstverantwortlicher um meinen Schatten zu kümmern. Ich wäre weniger anfällig für alte, toxische Schuldkomplexe. Ich wäre mehr in Frieden mit mir, meinem Licht und meiner Menschlichkeit. Ich würde sehr wahrscheinlich nüchterner, kritischer auf das Tun meiner Kirchenoberen schauen.

Sind sie wirklich die von Gott berufenen Vertreter des Guten oder einfach Menschen, genauso anfällig für die Versuchungen von Macht, Gier und Lust wie ich? Halleluja, dann hätten wir aber mal eine wirklich disruptive Dynamik im Gotteshaus!

Auch die Story von Adam und Eva ergibt vorne und hinten keinen Sinn. Ich stelle dir einen saftigen Apfelbaum direkt vor deine Nase, und wenn du dann in einen Apfel beißt, bestrafe ich dich. Doch wenn wir die Geschichte psychologisch betrachten, wird es interessant: Adam und Eva sind zwei Menschen, die noch im nondualen Bewusstsein von Unschuld sind. Im Paradies gibt es keinen Schatten, pure Einheit. Salopp gesprochen: Irgendwann langweilen sich die beiden. Denn ohne Polarität fehlt die Reibung. Ohne Reibung keine Entwicklung. Also beißen Adam und Eva in den Apfel der Erkenntnis. Und was erkennen sie? Dass sie unterschiedlich sind. Dualität. Bam!

Die ganze Geschichte der sogenannten Erbsünde – das heißt die Entstehung des Bösen – geht auf einen Biss zurück. Dabei geht es offensichtlich nicht um den Apfel! Der ist gesund, da stecken viele Vitamine drin. Sondern darum, dass dieser in Adam und Eva das duale Denken initiiert. So entstehen Gut und Böse. Doch war das wirklich nur ein Fluch? Was wäre das Gute ohne das Böse? Was wäre Jesus ohne Judas? Was wären die Jedi-Ritter in den *Star-Wars*-Filmen ohne die dunkle Macht?

Die Mythen beschreiben also nicht *die* Wahrheit, sondern reflektieren unser Ringen mit den beiden Kräften in uns. Nimm sie persönlich, und sie werden psychoaktive Spiegel deines Bewusstseins: »Das ist *mein* Kosmos. Es sind *meine* inneren Götter, meine Engel und mein Teufel. Ich trage die gesamte Welt in mir.«

CHALLENGE
Prüfe deine Urteile

Beobachte in den nächsten Tagen, wann und wie du über andere Menschen abwertend urteilst. Was genau wirfst du ihnen vor? Finde möglichst ein Wort für diese Eigenschaft. Dann teste, wie es sich anfühlt, wenn du diese Eigenschaft einige Male sehr bewusst auf dich selbst beziehst. Am besten sprichst du es laut aus. Zum Beispiel:

»*Mein Nachbar ist ein egoistisches Arschloch.*«

»*Ich bin ein egoistisches Arschloch.*«

Wie fühlt sich das an? Was in dir rebelliert dagegen? Und wo findet sich eventuell ein Körnchen Wahrheit diesbezüglich?

DAS BÖSE IN UNS

Was macht es mit dir, wenn ich behaupte, dass das Böse auch in dir ist? Willst du widersprechen? Wird es dir unbehaglich? Bekommst du Angst? Wirst du neugierig? Alle Reaktionen sind vollkommen okay. Mir geht es in diesem kleinen, frechen Buch nicht darum, ein für alle Mal zu erklären, was das Böse ist. Ich möchte eine Tür öffnen, indem ich für eine ausgewogenere und demütigere Sicht auf unser aller menschliches Dasein plädiere.

Wenn du Frieden mit dem Bösen in der Welt schließen möchtest, musst du seine Ursprünge in dir erkennen und mitfühlend erforschen. Das heißt nicht, es ausleben zu müssen. Im Gegenteil, wenn ich den allerersten Tendenzen von Hass, Neid oder Gier in mir selbst auf die Schliche komme, werde ich sie wesentlich achtsamer in Zaum halten können, als wenn ich sie komplett in den Schatten verdamme. Die Geschichte der Menschheit ist voll von erschreckenden Eskalationen ganz »normaler, anständiger« Menschen. Hexenverbrennungen, Amokläufe sind drastische Beispiele. Doch wenn wir unseren Alltag selbstkritisch durchleuchten, finden wir viele kleine Momente, in denen sich unser inneres Arschloch den Weg an die Oberfläche bahnt – ein Wutausbruch, Lästern, die Verurteilung einer anderen Bevölkerungsgruppe, …

»Wehret den Anfängen …« bedeutet eben nicht: »Unterdrückt das Böse in euch«, sondern »Findet seine Wurzel, fühlt es, untersucht es, bis es sich entspannen kann«. Wie lange werden wir wohl achtsam sein müssen? Wenn du mich fragst: bis zum letzten Atemzug.

GETRENNTSEIN

Also, wie können wir uns dem Bösen konstruktiv nähern, es vielleicht sogar erlösen? Dafür möchte ich nochmals auf den Mythos von Luzifer zurückkommen. Luzifer ist der lateinische Name des Morgensterns (der Venus) und bedeutet wörtlich übersetzt: »Bringer des Lichts«. Weil Luzifer, Gottes Lieblingsengel, selbst Entscheidungen treffen möchte, wird er auf die Erde verbannt. Er verliert den Kontakt zur höchsten Quelle des Lichts. Und was passiert? Dieses Wesen, das die Verbindung zur Quelle des Eins-Seins verliert, fühlt sich getrennt. Logisch, was auch sonst? Das geht uns doch im Grunde genauso, oder?

Wir werden in eine riesige, komplexe, sich oft scheinbar chaotisch entwickelnde Welt hineingeboren. Wir stopfen zwar auf dem Weg ins Erwachsensein jede Menge Informationen in uns hinein, doch wir wissen nicht, wer wir wirklich sind. Wir erfahren uns als getrennt von allem anderen. Aus dieser existenziellen Perspektive der Trennung entspringen drei zentrale Erfahrungen des menschlichen Daseins:

- **Angst.** Ich weiß nicht, wer ich wirklich bin. Plötzlich bin ich ganz allein inmitten einer unendlich großen, oft sehr chaotisch erfahrenen Welt.
- **Mangel.** Ich habe das unbestimmbare Gefühl, dass mir etwas fehlt.
- **Gier.** Ich muss diesen Mangel irgendwie füllen und mich von dieser tiefen Angst ablenken.

Ich kann versuchen, einer von den Guten zu werden, das heißt, ich fülle den Mangel, indem ich Gutes tue und Anerkennung bekomme. Oder aber ich kippe auf die andere Seite und sage: »Da ich nun mal im Mangel bin, nehme ich mir von den anderen etwas weg.« Ich folge der Gier. Ich werde böse.

Vergib dir
und fühle dich frei,
in jedem Moment
neu zu wählen.

Aus diesem ursprünglichen Verlust unserer Identität und dem Versuch, diesen zu kompensieren, entstehen die sieben Todsünden. *Sünde* bedeutet übrigens nicht »falsch«, sondern Sünde kommt aus dem Griechischen und heißt wörtlich übersetzt: »der Abstand, um den dein Pfeil das Ziel verfehlt hat«. Was für eine tolle Definition! Ziel verfehlt bedeutet: »Ich bin nicht wirklich böse. Ich habe nur noch nicht herausgefunden, wer ich wirklich bin. Noch immer identifiziert mit einem kleinen, fragilen, rechthaberischen Ego in einem verletzbaren Fleischklöpschen kompensiere ich meinen existenziellen Mangel mit Hochmut, Neid, Zorn, Trägheit, Habgier, Völlerei und Wollust.«

Wenn wir beginnen, dies zu verstehen, reift ein tiefes Mitgefühl, in dessen Armen sich das sogenannte Böse endlich entspannen kann.

DAS GRÖSSTE GESCHENK

Kommen wir zur Geschichte unseres armen, so oft für alles verantwortlich gemachten Teufels zurück: Warum lässt Gott zu, dass Luzifer auf die Erde hinabsteigen muss, wenn er doch sein Liebling ist? Weil er ihm aus Liebe das größte Geschenk überhaupt macht. Wirkliche Liebe nimmt uns nicht unsere Wahl ab, im Sinne von: »Ich richte es so ein, dass dir nie etwas Böses geschieht und du auch nie etwas Böses tun kannst.« Nein. Wenn ich dich wirklich liebe, ist mein größtes Geschenk an dich, dir zu vertrauen und dich selbst wählen zu lassen: »Ich lasse dir die Wahl. Ich lasse dich auf der Erde inkarnieren und schenke dir eine duale Realität, in der du immer wieder neu wählen kannst. Denn erst wenn du beide Optionen kennengelernt hast und dich aus freien Stücken entscheidest, bist du frei.«

Wo benutzt du das Böse, um dich gut zu fühlen?

Nur wer wählen kann, kann sich wirklich für das Gute entscheiden. Nur wer wählen kann, hat die Chance auf Ganzheit. Nur weil du ständig vom Guten redest, meditierst und dich vegan ernährst, heißt das nicht, dass du wach wählst. Wenn du achtsam lebst, realisierst du, dass du jeden einzelnen Tag erneut vor der Herausforderung stehst, dich bewusst zu entscheiden. Die Versuchungen, das Ziel zu verfehlen, mögen manchmal offensichtlich auftauchen und wie ein Riesenelefant im Raum stehen und manchmal flüsterleise und subtil daherkommen:

Erhebe ich mich innerlich über die, die ich für weniger erleuchtet halte (Hochmut)? Lasse ich meine Wut an meinen Kindern aus, wenn ich gestresst bin (Zorn)? Benutze ich auf Instagram einen Filter (Eitelkeit)?

Mal unter uns: Kannst du den ersten Stein werfen? Ich nicht. Wir sollten dankbar sein, wenn uns das Leben Umstände schenkt, in denen wir mit unseren Fehltritten möglichst wenig Leid anrichten. Könnte es sein, dass diese Welt ein Ort ist, an dem es gar nicht darum geht, dass wir *immer* gut sind und für alle Zeiten Frieden erschaffen? Weil sich in dieser Vision schon wieder der Versuch versteckt, das Böse zu unterdrücken? Könnte es sein, dass dies ein Lernplanet ist, auf dem Menschenseelen lernen, immer wieder neu, tiefer und subtiler zu wählen? Und wie willst du wählen lernen, wenn dir nicht beide Optionen angeboten werden?

EINE FRAGE DER HALTUNG

Als ich anfing, mich intensiv mit Gut und Böse zu beschäftigen, realisierte ich schnell: Ich habe gar kein so großes Problem damit, dass andere Menschen böse sind. Ich fürchtete mich davor, selbst Fehler zu machen und der *dunklen Seite* der Macht zu verfallen. Ich hatte Angst davor, dass es tief in mir etwas Böses geben könnte, was ich bis jetzt nicht gesehen habe. Doch wenn ich aus Angst alle versuchenden Momente vermeide, weiß ich immer noch nicht, wer ich bin. Korrekt? Also begann ich, wilder, lebendiger zu leben, größere Dinger zu drehen, meinen Hintern weiter aus dem Fenster zu strecken. Ich habe so sicher auch größere Fehler gemacht. Doch mein wichtigstes Fazit bis hierher: Ganz, ganz tief in mir habe ich bis jetzt nur Gutsein gefunden. Kein Gutsein in einem menschlichen, moralischen Verständnis. Es ist ein tieferes, nonduales Gutsein, das gar nicht wirklich verletzen kann oder will, weil es tatsächlich alles ist. Es ist nicht mein Gutsein. Es ist das Gutsein der Quelle, die uns alle, inklusive unserer menschlichen Varianten von Gut und Böse, hervorgebracht hat. Das mag vielleicht seltsam klingen, wenn du bis hierher keine nondualen Erfahrungen (zum Beispiel durch Meditation) gemacht hast, doch für mich war und ist es eine sehr heilsame und erlösende Offenbarung. Unser Bewusstsein ist wesentlich größer als der duale Raum und kann beides, das Gute und das Böse, liebevoll und still umarmen.

Was löst das Böse in dir aus? Was löst in dir der Gedanke daran aus, dass auch du bis zu einem gewissen Grad böse bist? Vielleicht lebst du es nicht aus. Aber inzwischen ist dir vermutlich klar geworden, dass es auch in dir Aspekte gibt, die nicht nur gut und hell sind. Was machst du mit denen? Dürfen die sein? Wo hältst du das Böse draußen? Wo lässt du zum Beispiel gar nicht zu, dass das Böse, welches in dieser dualen Welt existiert, dich berühren kann? Vielleicht indem du sagst: »Ich schaue keine Nachrichten mehr«?

Und wo benutzt du das Böse, das du in anderen siehst, um dich über jene zu erheben? Könnte es sein, dass es da einen Zusammenhang gibt? Könnte es sein, dass du Menschen, die mehr sichtbare Fehler begehen als du, benutzt, um dich gut zu fühlen? Und wenn das so ist, ist das nicht eigentlich schon wieder der erste Keim des Bösen? Wo verweigerst du dem Bösen (in dir und anderen) Verständnis und Mitgefühl? Und ist das die Lösung? Hilfst du mit deiner Haltung dir, den anderen und der Welt tatsächlich weiter?

Ich verstehe zum Beispiel, dass Veganer, die ein offenes Herz für Tiere haben, sich über Menschen aufregen, die weiterhin Fleisch essen. Aber trägst du mit deiner offen zur Schau getragenen Empörung zur Lösung bei oder lässt sie dich besser fühlen und die Lager noch mehr verschärfen? Weigerst du dich eventuell zu verstehen, was in diesen Menschen vor sich geht, weil du mit den Wurzeln dieser Form von Ignoranz in dir nicht in Kontakt treten möchtest? Sich über Missstände und Mitmenschen zu empören ist für unser Gehirn wesentlich energiesparender, als nach Lösungen zu suchen und geduldig Brücken zu bauen. Das Gefühl, besser zu sein, ist Labsal für unser Ego. Indem wir uns über andere erheben, kompensieren wir alte Wunden des Minderwerts und lenken vom eigenen Scheiß ab.

Wenn du aufrichtig daran interessiert bist, dass sich das sogenannte Böse weltweit mehr entspannt und immer weniger ausgelebt werden muss, untersuche nicht nur, was du *tust*, sondern wie du das Böse *betrachtest*. Ist nur der böse, der sichtbar böse handelt? Oder ist nicht

Nur wer wählen kann,

kann sich für

das Gute entscheiden.

das Verhalten eines Menschen, der etwas mehr Glück im Leben und deshalb noch keinen Mist gebaut hat, dafür aber mit dem Finger auf andere zeigt, nicht auch schon das Gegenteil von gut? Denn wie wir nicht nur aus der Spiritualität, sondern auch aus der Verhaltenspsychologie und der Physik wissen, beeinflusst der Betrachter den Verlauf des Experiments. Wenn wir uns auf das »Böse« im Nachbarn einschießen und so seine tiefere Unschuld negieren, fördern wir erwiesenermaßen weiterhin schlechtes Verhalten.

Verständnis für das Böse zu entwickeln bedeutet nicht, unreflektiert zuzulassen, dass andere jede Grenze übertreten. Nein. Du setzt sogar wesentlich sauberere Grenzen, wenn du aus der Ruhe und dem Mitgefühl heraus kommunizierst.

CHALLENGE

Integriere das Böse in dir

Lies dir aufmerksam und langsam die Liste der folgenden Wörter durch. Ergänze sie eventuell durch weitere böse Eigenschaften, die dich stark berühren:

Neidisch, eitel, selbstsüchtig, selbstgefällig, aggressiv, verlogen, manipulativ, ausbeutend, nachtragend, stur, rechthaberisch, hochmütig, zornig, berechnend, habgierig, träge, bedrohlich, herzlos, verletzend, narzisstisch, machthungrig, laut, egoistisch

→ Welche dieser Wörter sind für dich mit einer intensiven Ladung besetzt?

→ Bilde mit diesen Begriffen Sätze, die einen Bezug zu deiner Person und deinem Alltag haben. Zum Beispiel: *»Ich bin auf meine Freundin neidisch, weil sie viel erfolgreicher ist.« Oder: »Ich habe mich letzte Woche beim Familienfest selbstsüchtig verhalten.«*
Ist es dir möglich, jede dieser »bösen« Eigenschaften auch in dir wiederzufinden?

Wenn dich das alles innerlich aufwühlt, ist das mehr als verständlich. Sich mit diesen Themen zu beschäftigen braucht Mut, Entschlossenheit und Geduld. Du musst nicht über Nacht bereit sein, jedem Teufel in dir zu begegnen. Doch allein wenn du anfängst, deine Fühler behutsam in diese Richtung auszustrecken, wird sich dein Bewusstsein langsam dehnen – aus dem dualen in den integralen in den holistischen Raum. Bis du siehst und fühlst, dass alles eins ist und sich gegenseitig bedingt.

Wenn wir es schaffen, dem Bösen mit Mitgefühl und echtem Forschergeist zu begegnen, ist das eine echte Revolution – auf persönlicher wie auf gesellschaftlicher Ebene. Stell dir eine Gesellschaft vor, die Bösewichte nicht mehr pauschal verdammt; eine Gesellschaft, die klare Grenzen zieht, aber mit Milde und Weisheit versucht, das Böse zu umarmen, sodass es sich in Frieden zeigen und sich endlich entspannen kann. Eine Welt, in der wir weder uns noch andere verteufeln müssen, weil wir den Luzifer in uns eingeladen haben, zur Ruhe zu kommen. Für mich persönlich ist das eine sehr inspirierende Vision für die Menschheit.

Part 4
Das Schwache und das Starke

Jetzt wird es Zeit, dass du den nächsten ungeliebten Drachen des menschlichen Schattens erforschst: das Schwache und seinen Gegensatz, das Starke. Verständlicherweise ein Riesenthema in der Leistungs- und Optimierungsgesellschaft, in der wir leben. Die Angst vor Schwäche manipuliert uns in ganz vielen Situationen. Aber oft ist uns das gar nicht bewusst. Zu funktionieren, zu kontrollieren und immer besser zu werden ist so normal geworden, dass wir diese Grundhaltung nicht mehr infrage stellen. Stärke in Form von Macht, Schönheit, Reichtum, Jugendhaftigkeit, Followern in den sozialen Medien, ... ist IN!

In diesem Kapitel möchte dich einladen, wirklich stark zu sein und dich voll und ganz auf das Schwache einzulassen. Was bedeutet Schwäche? Wieso haben wir eine so große Angst davor, mit Schwäche in Verbindung gebracht zu werden? Und in welchen Varianten zeigt sich in unserer Gesellschaft die Angst vor Schwäche?

SCHWÄCHE VERSETZT UNS IN PANIK

Wenn du anfängst, über Schwäche nachzudenken, wirst du schnell feststellen, dass es viele verschiedene Arten von Schwäche gibt. Da ist die geistige Schwäche, etwa wenn jemand Schwierigkeiten hat, bestimmte Sachzusammenhänge zu verstehen. Dann gibt es emotionale Schwäche, zum Beispiel wenn jemand seine Gefühle nicht im Griff hat. Körperliche Schwäche drückt sich in fehlender Kondition oder Krankheiten und Gebrechen aus. Und es gibt schwaches Verhalten, etwa wenn jemand lügt oder in seinem Handeln nicht zu seinem Wort steht.

Als Schwäche begreifen wir also alle möglichen Formen von Kraftlosigkeit, Unzulänglichkeit und Mangel. Wir könnten uns jetzt Ewigkeiten mit all diesen Varianten beschäftigen. Doch ich möchte mit dir einen anderen Weg einschlagen und mit dir tiefer bis zur Wurzel aller Schwäche graben: **Die Erfahrung, so wie wir jetzt sind, nicht gut genug zu sein.** Der Schatten von Schwäche wird in den allermeisten Fällen durch Verachtung oder durch Scham getriggert. Wenn wir in einem anderen Menschen eine Schwäche sehen, mit der wir selbst auf Kriegsfuß stehen, reagieren wir mit Verachtung oder dem sogenannten Fremdschämen. Wir schämen uns dafür, dass dieser Mensch an dieser Stelle so schwach ist. Entdecken wir an uns selbst eine Schwäche, verachten oder schämen wir uns auch.

Wir fürchten uns vor Schwäche wie vor einem Virus. Wir werden ungeduldig mit uns, wenn wir erkältet sind, anstatt besonders liebevoll mit uns zu sein. Wir reagieren hektisch auf die ersten Falten oder die wachsenden Speckröllchen zu Weihnachten. Wir verschleppen Depressionen, Burn-outs und Schulden. Nur keine Schwäche zeigen! Warum löst Schwäche Gefühle von Scham und Verachtung aus, zwei Zustände mit einer sehr niedrigen Bewusstseinsfrequenz? Warum sind wir nicht die ganze Zeit voller Bewunderung für uns? Denn wenn wir mal einen Schritt zurücktreten und einen Blick auf uns kleine Menschenkinder werfen, ist doch eigentlich klar: Wir werden ohne Gebrauchsanweisung in dieses chaotische Universum geworfen. Und jeder von uns versucht redlich, das Beste aus seinem Leben zu machen. Wir sind Held*innen. Wir geben alles. Wir hätten es verdient, uns jeden Tag zu feiern. Warum ist da so viel Scham? Warum schämen wir uns für Fehler und Niederlagen?

CHALLENGE

Erforsche die Schwäche

→ Was bedeutet Schwäche für dich?

→ In welchen Momenten fühlst du dich schwach?

→ Wie reagierst du darauf?

→ Wann und wie versuchst du, stärker zu sein, als du bist?

Denke an Situationen zurück, in denen du dich geistig, emotional oder körperlich schwach fühltest. Wie bist du mit der Situation umgegangen? Hast du Ohnmacht empfunden?

SCHAM UND VERACHTUNG

Scham und Verachtung gehören zu den sogenannten Basisaffekten. Damit sind vorübergehende Gefühlszustände gemeint, die alle Menschen empfinden können. Die Fähigkeit dazu ist uns angeboren. Manchmal bist du vielleicht einfach nur kurz peinlich berührt, ein andermal würdest du am liebsten auf der Stelle im Erdboden versinken.

Auch dein Körper hat verschiedene Reaktionen in petto: Vielleicht schießt dir das Blut in die Wangen und du errötest. Oder du fühlst dein Herz lautstark klopfen. Oft krümmt sich der Oberkörper leicht zusammen, so als wolltest du kleiner werden. Denn ganz typisch fürs Schämen ist, dass du am liebsten für andere unsichtbar wärst.

»Die anderen« spielen bei der Scham eine große Rolle. Du kannst dich zwar auch im stillen Kämmerlein intensiv für etwas schämen, aber meistens geht Scham auf eine Situation mit anderen Menschen zurück oder auf die Vorstellung, was andere jetzt wohl von dir denken könnten. Das ist die merkwürdige Sache an der Scham: Sie ist auf komplexe Weise mit anderen Menschen verschlungen und doch hast du das Gefühl, dass sie dein Ureigenstes ist. Scham berührt den Kern deines Seins.

Verachtung wiederum ist ein Gefühl starker Geringschätzung. Sie kann sich gegen andere oder gegen dich selbst richten. Auch hier spielt der Aspekt von Minderwertigkeit eine große Rolle: Etwas oder jemand wird als minderwertig erachtet. Entwertet. Entwürdigt. Wenn du jemanden verachtest, sprichst du ihm Anerkennung, Ansehen und das Recht auf Wertschätzung ab. Das ist eine wirklich harte Form des Urteils, stimmt's? Verachtung führt oft dazu, dass du den Betroffenen nicht beachtest oder dich von ihm distanzierst. In einigen Fällen äußert sich Verachtung auch in Form von Wut oder Ekel.

Puh, diese Emotionen gehen wirklich ans Eingemachte. Und wir alle kennen sie. Sie fühlen sich sehr unangenehm an und können zu einer enormen inneren Anspannung – anderen oder uns selbst gegenüber – führen. Aber wo kommt bloß diese unverhältnismäßige, ungesunde Härte her? Und wie entsteht das Phänomen Schwäche überhaupt?

CHALLENGE

Mutprobe

Wenn du mutig bist, bitte deine wichtigsten Freunde, dir von einem Moment zu berichten, in dem sie dich als schwach erlebt haben. Bitte sie, dir zu erzählen, was das mit ihnen gemacht hat. Und dann nimm das ganz ruhig in dich auf und spüre in dich hinein. Löst es Scham aus? Wut? Das Bedürfnis, dich zu rechtfertigen? Wie urteilst du selbst über dich in dieser von den anderen beschriebenen Situation?

Ganz wichtig dabei ist: Egal, was ihre Antworten in dir auslösen, reagiere nicht beleidigt. Diskutiere nicht herum. Sondern bedanke dich für das Geschenk ihrer Ehrlichkeit. Für sie ist diese Aufgabe auch nicht leicht!

DER URSPRUNG UNSERER ANGST VOR SCHWÄCHE

Die Fähigkeit, Scham und Verachtung zu empfinden, ist uns angeboren. Wir sind Herdentiere. Das »Ranking« innerhalb der Gruppe ist für uns sehr bedeutsam. Bereits im Tierreich wird Schwäche bestraft. Nicht der schwächste Löwe führt das Rudel an, sondern der stärkste. Das heißt, es liegt in unseren Genen, Schwäche als etwas zu betrachten, das nicht gut ist, weil es uns gefährlich werden kann. Oder etwas zu bewundern, das stark und potent ist, weil es Schutz und Sicherheit verspricht. Das hat sich evolutionär auch in uns fortgepflanzt. Seit Jahrtausenden kämpfen Menschen gegeneinander. Und es waren eben nicht die Schwachen, die wir bejubelt haben, sondern die Starken. Dabei gibt es verschiedene Formen von Stärke. Anfangs ging es wirklich um physische Stärke. Im Kapitalismus bewundern wir diejenigen, die finanziell am stärksten sind; die am cleversten sind; am gierigsten; am schnellsten.

Somit leben wir auch heute noch in einem System, das die Schwachen missachtet und die Starken bejubelt. Der Leistungs- und Wachstumswahn ist unsere Religion. Trotzdem könnten wir uns fragen: Warum schaffen wir es nicht, diesen Trieb zu entkräften? Vielleicht gibt es ja für unsere Scham noch einen größeren, kosmischen Zusammenhang. Ich habe dafür keine Beweise, doch da ich diese Dimension für wichtig halte, um das Thema in seiner ganzen Tragweite zu verstehen, bringe ich sie hier mit ein. Ich überlasse es dir, dich davon berühren zu lassen oder es als »spirituelle Spinnerei« abzutun. Für mich fängt unsere Existenz nicht erst bei der Geburt an und hört auch nicht mit dem Tod auf. Irgendwoher kommen wir. Irgendwohin gehen wir. Ursprünglich waren und sind wir alle unbegrenztes, freies, nicht an einen Körper gebundenes Bewusstsein – das Selbst, über das wir bereits gesprochen haben. Die bisherige Quintessenz all meiner Erfahrungen mit dieser Dimension unseres Daseins: **Wir sind pures Licht ohne Grenzen.** Dieses Licht kennt keine Dunkelheit, keine Verletzbarkeit. Es ist frei und vollkommen. Um auf diesem Lernplaneten zu inkarnieren und Erfahrungen machen zu können, braucht das Licht einen Körper. Dieser Körper ist begrenzt, verletzbar und hat ein Verfallsdatum. Mit anderen Worten: Er ist … *schwach*.

Doch warum schämen wir uns für die Verletzbarkeit unseres Körpers? Wir schämen uns ja auch nicht für die Bäume, die im Herbst ihre Blätter abwerfen. Weil das unbegrenzte Licht, das in deinem Körper inkarniert ist, vergessen hat, was es ist. Anstatt das Fleischklöpschen liebevoll und dankbar zu nutzen, haben wir uns mit ihm missidentifiziert. Plötzlich ist nicht mehr nur der Körper angreifbar. Du bist es. Dieses Missverständnis ist die Geburt unserer Angst vor Schwäche. Stell dir vor, du hast ein Auto. All die Jahre hast du es entspannt benutzt. Doch dann rutscht du aus, fällst auf den Hinterkopf und glaubst danach, dass du das Auto bist. Plötzlich wird jede Beule, jedes Stottern ein persönliches Problem. Solange wir glauben, unser Auto (Körper) zu sein, werden wir Schwäche als gefährlich betrachten und versucht sein, sie in den Schatten zu verdammen.

WIE WIR SCHWÄCHE VERMEIDEN

Wir Menschen versuchen auf sehr unterschiedliche Weise, uns zu behaupten und Bedeutung in der Herde zu erlangen. Einer baut den größten Wolkenkratzer. Eine andere schreibt die meisten Bestseller. Wieder jemand will unbedingt den höchsten Intelligenzquotienten haben, den längsten Penis, das meiste Geld auf dem Konto, die wenigsten Falten …

Doch wenn du einen Schritt zurücktrittst, erkennst du schnell, dass das alles im Grunde nicht so viel bedeutet. Unser Leben ist ein kurz erklingender Ton in einer 13,5 Milliarden Jahre andauernden kosmischen Sinfonie.

Was würde eine intelligente und weise Zivilisation denken, wenn sie auf unserem Planeten landet und uns analysiert? »Ihr obsessiver Wachstumswahn hat ihr eigenes Zuhause zerstört. Anstatt in echte Erleuchtung und Glück zu investieren, reißen sie sich den Arsch auf und verschwenden ihre Zeit mit Akkumulieren von Dingen, die sie beim Tod eh alle wieder loslassen müssen.

Anstatt herauszufinden, was nach dem Tod passiert, erfinden sie Nervengifte, um sich Falten wegzuspritzen. Die sozialen Medien, eigentlich eine wunderbare Möglichkeit, um gemeinsam zu lernen, ist eine einzige kollektive Selbstverarsche. Alles, selbst die schönsten Hobbys, mutieren bei ihnen zum Optimierungswahn. Lass uns in tausend Jahren noch mal vorbeikommen. Vielleicht haben sie sich bis

Wir sind pures Licht ohne Grenzen.

dahin ausgerottet oder man kann endlich über die wirklich spannenden Fragen mit ihnen reden.«

Ein weiteres Beispiel für unsere angespannte Beziehung zu Schwäche ist unser Kontrollwahn. Wir werden von klein auf dazu erzogen zu glauben, dass es, erstens, total wichtig ist, die Kontrolle zu haben, und zweitens, zu glauben, wir hätten die Kontrolle. Kontrolle zu haben bedeutet: »Ich bin stark, ich habe alles im Griff.« Du versuchst zum Beispiel, die Kontrolle über deinen Körper zu erlangen, indem du ins Fitnesszentrum gehst. Du versuchst, Kontrolle über deine Gedanken zu bekommen, indem du positiv denkst. Das schenkt uns in diesem riesigen, so unwägbaren Universum die Illusion von Sicherheit.

Jeder von uns hat seine eigene Form von Kontrollwahn. Der eine sagt: »Hey, ich habe meine positiven Affirmationen und wenn ich die jeden Tag spreche, habe ich die Kontrolle.« Eine andere findet: »Wenn meine Familie zu Hause immer das macht, was ich sage, dann habe ich die Kontrolle.« Was ist es bei dir? Wo und wie versuchst du in deinem Alltag, alles unter Kontrolle zu haben?

Kontrolle suggeriert uns, dass wir die Sache im Griff haben. Doch wenn du mal ganz ehrlich bist, wird dir schnell klar: Du hast so verdammt wenig im Griff. Wir leben auf einem Planeten, auf den jeden Moment ein Komet niederknallen oder wo eine Krankheit ausbrechen kann, die die Menschheit dahinrafft. Wir können auf einer Bananenschale ausrutschen oder einen Dachziegel auf den Kopf bekommen. Wir sind von Chaos umgeben, dem wir versuchen eine Ordnung aufzuzwingen. Auch im Kleinen ist Kontrolle eine Illusion. Wenn deine Blase drückt, musst du pinkeln gehen, und wenn du das nicht tust, machst du dir irgendwann in die Hose. Wenn du furzen musst … na, du weißt schon … Wir haben über sehr viele Dinge keine Kontrolle. Doch wir tun so, denn für viele Menschen wäre dieses Eingeständnis ein Zeichen von Schwäche. Wir verachten Menschen, die offensichtlich die Kontrolle verloren haben. Wir verachten Alkoholiker. Wir schämen uns für sie, wenn wir durch den Park laufen und sie dort liegen sehen, denn sie haben die Kontrolle über ihr Leben verloren. Wir meiden sie, als wenn ihre Schwäche ansteckend sein könnte.

Ein weitverbreitetes Phänomen der Vermeidung von Schwäche ist der Selbstoptimierungswahn. Die Gefahr, ihm zu verfallen, lauert im Grunde überall. Erziehung, Erleuchtung, Ernährung, ja selbst ein so wunderschönes Thema wie Selbstliebe kann in Optimierungswahn ausarten. Der Übergang zwischen deinem natürlichen Bedürfnis, etwas Neues zu lernen und zu wachsen auf der einen Seite, und dem krampfhaften Streben nach Perfektionierung auf der anderen ist oft schleichend. Wie erkennst du den Unterschied? Wenn du vor allem Freude bei dem empfindest, was du tust, und auch mal lockerlassen kannst, alles bestens, dann entfaltest du dich. Doch wenn du merkst, dass du es immer verbissener wie einen Leistungssport angehst, ist es wahrscheinlich auch eine Vermeidung von Schwäche.

Wir haben jetzt viel über Vermeidung gesprochen. Genauso ist es natürlich möglich, sich in Schwäche zu suhlen und den Gegenpol Stärke in den Schatten zu verschieben. Denn es geht ja nicht darum zu sagen: »Schwäche ist der neue Trend, lass uns einfach alle abschlaffen und schwach sein.« Natürlich ist ein ausgewogenes Maß an Stärke und Selbstwirksamkeit die Basis für ein glückliches Leben. Wenn ich jedoch in einem bestimmten Bereich schwach bin, zum Beispiel, weil ich es mir gar nicht zutraue, begrenzende Glaubenssätze habe oder simpel nicht die Disziplin aufbringen möchte, Stärke zu entwickeln, dann könnte ich das dramatisieren (»Oh, schau nur, was ich für ein Versager bin. Nie schaffe ich irgendetwas!«) oder ich sublimiere meine Schwäche. Beispiel: Ich war als Kind im Schulsport in vielen Disziplinen schwach – Stangenklettern, Geräteturnen, Fußball. Die Wahrheit war: Ich wäre gern besser gewesen und gleichzeitig war ich zu faul, um es richtig anzugehen. Um mich gut zu fühlen, saß ich am Rand und habe mir eingeredet, dass ich das ja alles gar nicht will und irgendwie zu gut dafür bin. Ich redete mich in die Rolle eines Intellektuellen hinein, der sich zu schade dafür ist. Später überwand ich meinen Stolz, suchte mir gute Coaches und gewann meine Freude am Sport zurück. Anderes Beispiel: Besonders in der spirituellen Szene tummeln sich viele Menschen, die schwach in Bezug auf weltliche Wirksamkeit, Erfolg und Finanzen sind. Anstatt sich das einzugestehen, sich gute Mentor*innen zu suchen und das Thema in einem zufriedenstellenden Maß zu meistern, höre ich immer wieder elitäre Erklärungen für das Manko: »Ich bin halt zu idealistisch. Ich bin unserem bestehenden Wirtschaftssystem voraus.« Kriegst du den Punkt? Anstatt sich ehrlich und nüchtern mit persönlichen Schwachpunkten zu beschäftigen, sublimieren wir das in eine Version von »Ich bin bereits höher entwickelt«.

Ein Hinweis auf eine nicht integrierte Schwäche ist auch, wenn du dich dabei ertappst, Menschen, die in einem speziellen Bereich stark, wirksam, erfolgreich sind, herabsetzen zu müssen. Nun bist du dran. Nimm eine Beziehung zu dem Thema Schwäche auf. Hol sie ins Licht.

Challenge
Integriere das Schwache in dir

Erstelle in deinem Schattentagebuch eine Liste von Begriffen, die du mit Schwäche assoziierst, ähnlich wie die Liste am Ende des letzten Kapitels in Bezug auf das Böse. Du könntest aufschreiben: *krank, ungeschickt, faul, unwissend, schüchtern, zu langsam, Looser, verletzbar, unordentlich, zu dick, zu dünn, traurig …* und so weiter.

→ Welche dieser Wörter haben für dich eine starke Ladung?
→ Welche der genannten Eigenschaften wirfst du anderen Menschen häufiger vor?
→ Welche von ihnen wirfst du dir selbst häufig vor?

Erforsche dich achtsam und neugierig, indem du dich fragst:

→ Hast du diesen Aspekt in deinem Leben schon mal gefühlt?
→ Hast du diesen Aspekt in deinem Leben schon mal gedacht?
→ Hast du diesen Aspekt in deinem Leben schon mal ausgelebt?

Angenommen, du arbeitest mit dem Begriff »erfolglos«, dann könntest du fragen:

→ Wann habe ich mich schon mal erfolglos gefühlt?
→ Wann hatte ich schon mal erfolglose Gedanken?
→ Wann war ich selbst schon mal erfolglos?

Gib dir genügend Zeit für deine Antworten und beschreibe die Situationen so konkret wie möglich.

DIE VIELEN GESICHTER DER STÄRKE

Wir haben jetzt viel über Schwäche gesprochen. Aber wie sieht es eigentlich mit Stärke aus? Was ist Stärke? Genau wie Schwäche hat sie viele Gesichter. Körperliche Stärke steht für Gesundheit und Kraft. Mentale Stärke umfasst zum Beispiel Selbstvertrauen, Konzentrationsfähigkeit, Disziplin und Durchhaltevermögen. Ein wirtschaftlich starkes Unternehmen verfügt über ausreichende Finanzmittel, leistungsfähige Mitarbeiter und ergiebige Absatzmärkte. Und soziale Stärke reicht von einem guten Netzwerk hin zu Ansehen und Prestige. Du siehst, das sind sehr unterschiedliche Facetten, deren kleinster gemeinsamer Nenner so etwas wie Eigenständigkeit, Unangreifbarkeit, Gestaltungsmöglichkeit und Wirksamkeit ist.

Natürlich macht es Sinn, in all diesen Bereichen auf eine angemessene Weise stark und wirksam zu sein. Bitte stärke deinen Körper, deinen Geist, deine Emotionen, deine Beziehungen, deine Finanzen. Die Betonung liegt auf *angemessen*. Ich komme wieder auf das Beispiel mit dem Auto zurück. Wenn du ein Auto hast, macht es Sinn, es in Schuss zu halten, damit du sicher und auch einigermaßen bequem damit fahren kannst. Das Problem ist, wenn du denkst, das Auto zu sein. Wenn du tatsächlich anfängst, mit den PS deines Autos anzugeben, als würden sie etwas über deine wahre Stärke aussagen. Unsere Gesellschaft verleitet Menschen dazu, ihre Stärke in *Haben, Image, Kontrolle, Geld, Muskeln …* zu sehen, das heißt das Auto zu pimpen und zu polieren, und lenkt sie von der wirklich spannenden Frage ab: **Wer fährt eigentlich das Auto und worin besteht dessen wahre Stärke?**

Schwäche wahrhaft zu transzendieren bedeutet, das zu finden, was nicht schwach werden kann.

Kontrolle ist eine zwanghafte Leitidee unserer Kultur und Gesellschaft, die uns davon abhält, *uns* und unsere wahre Stärke zu entdecken. Denn irgendwann kommt eine Krise, die dir zeigt, wie wenig Kontrolle du hast, und spätestens am Ende wirst du all deine Sandburgen wieder loslassen müssen. Das heißt, die Stärke, die wir auf dieser Ebene aufbauen können, ist im Kern immer noch schwach.

Du hast prinzipiell zwei Möglichkeiten, damit umzugehen. Du willst dies nicht wahrhaben und hältst an der hergebrachten Vorstellung von Leistung, Kontrolle und Absicherung fest. Du kämpfst die ganze Zeit verkrampft gegen Schwäche an und versuchst, möglichst viel Geld zu verdienen, möglichst schlau zu sein, möglichst viele Muskeln anzutrainieren, möglichst viel zu kontrollieren. Diese Illusion von Stärke beruhigt dich, bis sie durch eine Krise massiv erschüttert wird. Außerdem wirst du dich sehr wahrscheinlich permanent angestrengt und gehetzt fühlen, denn irgendwo musst du ständig nachbessern. Dein Kontrollzwang trennt dich vom Flow des Lebens und der Magie der Co-Creation mit dem Kosmos. Kontrolle und Co-Creation schließen sich aus. Die andere Möglichkeit: Du durchschaust, dass dieses Spiel auf der dualen Ebene nicht zu gewinnen ist, und beschließt, **den Widerspruch von Stärke und Schwäche radikal aufzulösen**. Erinnerst du dich an den scheinbar unlösbaren Konflikt von Gut und Böse? Wir kamen zu dem Schluss, dass die Befreiung darin liegt, in ein noch tieferes Gutsein, jenseits menschlicher Moralvorstellungen, einzutauchen, das Gut und Böse in sich aufnehmen kann.

Und schon wieder stehen wir vor einem scheinbar unlösbaren Gegensatz, Stärke oder Schwäche. Beide sind in dieser Welt untrennbar miteinander verbunden. Alles, was wir in dieser Dimension an sogenannter Stärke aufbauen können, hält dem Chaos und dem Wandel nicht stand, ist also in sich schon wieder schwach. Könnte es sein, dass auch dieses Mal die Lösung darin besteht, noch tiefer in uns einzutauchen, um eine Stärke nicht von dieser Welt zu finden, die sowohl Stärke als auch Schwäche in sich aufnehmen kann? Was könnte so eine Stärke sein? Das verrät uns eine uralte Geschichte aus Indien.

DAS, WAS NICHT SCHWACH SEIN KANN

Siddhartha war ein indischer Prinzensohn, der vor ca. 2500 Jahren lebte. Er wurde in ein unglaublich reiches Königshaus hineingeboren. Seinem Vater war vor Siddharthas Geburt allerdings prophezeit worden, dass sein Sohn eines Tages das Königreich verlassen und ein großer religiöser Führer werden würde, sobald er das Leid der Welt erkannte. Das erschreckte den König. Er wollte, dass Siddhartha ihm auf dem Thron nachfolgte, und schirmte deshalb den riesigen Palast ab, um zu verhindern, dass sein Sohn in irgendeiner Weise mit Elend konfrontiert werden würde. So wuchs Siddhartha an einem Ort heran, an dem es nur schöne, junge, gesunde Menschen gab. Er war von Erfolg, Reichtum und Freude umgeben. Alles um ihn herum symbolisierte Stärke. Wenn er in heutiger Zeit gelebt hätte, dann hätte sein Pallastleben jeden Tag viele tolle Bilder für Instagram hergegeben. Und so hätte es für alle Zeiten bleiben können.

Doch der junge Prinz war sehr neugierig und eines Tages fand er in der Palastmauer ein Tor, das offen stand. Er ritt in die Stadt und dort erblickte Siddhartha, der damals ungefähr vierzehn Jahre alt war, zum allerersten Mal Armut, Krankheit, Schmerz und Tod. Mit einem Mal brach die Illusion einer heilen, starken Welt in ihm zusammen. Er wurde innerhalb eines Tages mit den gravierendsten Versionen menschlichen Leids, wir könnten auch sagen Schwäche, konfrontiert.

Der Weg der Befreiung
führt immer
in den Schatten hinein.

Stell dir vor, du siehst mit vierzehn Jahren zum ersten Mal einen kranken oder gar einen verwesenden Körper! Ein Riesenschock. Doch Siddhartha lief nicht einfach davon, sondern machte etwas Außergewöhnliches. Er öffnete sein Herz für die Erkenntnis, dass letztendlich alle Menschen, arm und reich, diesem Leid ausgesetzt sein würden, und er traf eine Wahl: »Es muss eine Möglichkeit geben, dieses Leid zu beenden, und ich werde sie finden.«

So verließ er das Königshaus und machte sich auf die Suche. Er probierte wirklich alles aus: Er ging bei unzähligen Gurus und Heilern in die Leere. Er fastete, wurde Fakir, tanzte sich in Ekstase, studierte Heilkräuter, doch nichts brachte ihm die Antwort auf seine Frage. Irgendwann landete er zutiefst frustriert unter dem Bodhi-Baum, einer Pappelfeige, und beschloss, dort sitzen zu bleiben und zu meditieren, bis er herausgefunden hatte, worin die Lösung angesichts des nie versiegenden Leids der Menschen bestand. Unter diesem Baum wurde aus Siddhartha Buddha, der Erwachte. Die Wahrheit, die er entdeckte, war schnörkellos, simpel und so radikal: **Alles in dieser Welt kommt und geht wieder.** Sie gilt für uns Menschen genau wie für das Universum. Wir werden geboren, wir wachsen heran, wir altern und wir sterben. Jede Zelle unseres Körpers entsteht und vergeht und am Ende wird unser Körper zu Staub. Auch Tiere und Pflanzen entstehen und vergehen. Genauso die Jahreszeiten. Und letztendlich auch unser gesamter Kosmos. Alles kommt und geht. Das ist das Geheimnis, das große Vermächtnis von Buddha an uns alle.

Warum erzähle ich dir das? Weil jegliche Form von Schwäche, die wir Menschen erfahren können, etwas damit zu tun hat, dass etwas geht, was wir festhalten wollten. Was uns schwach macht, ist nicht das, was geht, sondern unser Festhalten daran. Denn das ist die zweite Wahrheit, die Buddha herausfand: Leid entsteht nicht durch den konstanten Wandel, sondern durch unseren krampfhaften Versuch, das für uns Angenehme festzuhalten und das für uns Unangenehme wegzuhalten. Das macht uns schwach! Weltliche Stärke beruht darauf, etwas Angenehmes anzuhäufen und festzuhalten. Korrekt? Doch genau dieses Festhalten schwächt dich, denn letztendlich wird auch das wieder gehen. Weltliche Schwäche besteht darin, dass etwas Unangenehmes an unsere Tür klopft (Schmerz, Verlust, Krankheit ...) und wir dagegen kämpfen. Doch genau dieses Dagegenkämpfen schwächt uns.

Alles wird kommen und wieder gehen. Das ist die Wahrheit, die für uns alle gilt. Du kannst dich an den Dingen festhalten und daran verzweifeln. Oder aber du gehst den Weg des Buddha.

Das große Geschenk weltlicher Schwäche, egal in welcher Form, ist dies: Sie erschüttert immer etwas, das du für sicher gehalten hast. Sie nimmt dir etwas, was sowieso irgendwann gehen wird. In diesem Augenblick hast du die Wahl, ob du noch mehr an den Dingen festhältst oder ob du bewusst loslässt: »Ich lasse los. Ich möchte hier und jetzt herausfinden, was nicht kommen und nicht gehen kann.« Wenn du dich darauf einlässt, öffnet sich in dir eine Tür und du sinkst in das wahre Vermächtnis Buddhas. Denn er fand unter jenem Baum etwas in sich – stilles, freies Bewusstsein – welches allem Kommen und Gehen zuschauen kann. Die wahre Stärke jenseits von Stärke und Schwäche ist diese formlose und stille Weite in uns. Und so wird das, was wir in dieser Welt mit am meisten fürchten – menschliche Schwäche –, wenn wir sie denn bewusst umarmen, das Tor zu unserer wahren Stärke.

UMARME DIE SCHWÄCHE

Du weißt jetzt einiges über den Ursprung unserer Angst vor Schwäche und über ihre tiefere Bedeutung. Aber was bedeutet das konkret für dein Leben? Wie kannst du deine Schwäche nach Hause holen? Als Erstes, haben wir gesagt, musst du die Schwäche anerkennen. Manchmal spreche ich in diesem Zusammenhang auch von beichten. Darunter verstehe ich das konsequent ehrliche Antworten auf folgende drei Fragen:

Wofür schämst du dich?

Was verachtest du an dir oder an anderen Menschen?

Was fürchtest du an dem, was du gerade verachtest oder wofür du dich gerade schämst?

Mit deinen Antworten auf diese Fragen fängst du an, das Schwache nach Hause zu holen und in Frieden zu kommen. Darüber hinaus kannst du das Schwache umarmen.

Hast du schon mal von Franz von Assisi gehört? Er war der allergrößte Lehrmeister für diesen Weg. Franz von Assisi lebte in Italien an der Wende vom 12. zum 13. Jahrhundert in Saus und Braus. Eines Tages geriet er per Zufall in ein Armenviertel, in dem es viele Leprakranke gab. Sie waren damals die Personifizierung des Hässlichen und Schwachen und lebten ausgestoßen von der Gesellschaft. Franz von Assisi hatte in seinem Leben bislang nichts mit diesen Menschen zu tun gehabt, doch mit einem Schlag wurde ihm klar, dass sie seine Brüder und Schwestern sind. Er erkannte in ihnen seinesgleichen. Und er veränderte sein Leben von einem Tag auf den anderen. Er ließ seinen gesamten Reichtum hinter sich, wurde gläubig, zog zu diesen Leprakranken und wurde bekannt dafür, dass er sie umarmte. Im wahrsten Sinne des Wortes: Er ist auf diese entstellten Menschen zugegangen und hat sie in seine Arme geschlossen. Kannst du dir auch nur ansatzweise vorstellen, was das für die Leprakranken bedeutete? Menschen, die sonst nur Ablehnung erfuhren? Die als so hässlich und so bedrohlich galten, dass man alles tat, um sie vom gesellschaftlichen Leben fernzuhalten?

Franz von Assisi hat die Leprakranken nicht verachtet. Und er hat sich nicht für sie geschämt. Sein Handeln bezeugt unglaubliche Größe. Es ist ein wunderschönes Gleichnis für das, was du mit der Schwäche machen kannst, die du in anderen Menschen oder in dir siehst. Geh darauf zu und umarme diese Schwäche. Selbst wenn du erst mal gar nicht weißt, was das bedeutet. Sag einfach: »Ja, ich war (oder bin) an dieser Stelle schwach. Das ist fast peinlich zu sehen. Aber ich erkenne das an und schließe meine Schwäche jetzt in meine Arme. Ich akzeptiere, dass ich auf der weltlichen Ebene verletzbar und fehlbar bin.« Stell dir vor, wie du dich selbst – schwach und unvollkommen wie du bist – sanft umarmst. Damit veränderst du so viel. Dasselbe kannst du mit Menschen machen, die du bisher verachtet hast. Lass dich auf sie ein. Schau sie mitfühlend an. Sprich mit ihnen. Höre zu. Und wenn es angemessen ist, nimm sie – wortwörtlich – in den Arm.

Franz von Assisi hat uns auch ein Gedicht hinterlassen. Es ist in meinen Augen eines der schönsten Schattenintegrationsgebete, die es gibt. Lies es dir während der Zeit, in der du mit dem Schatten deiner Schwäche arbeitest, täglich einmal durch. Du brauchst gar nichts weiter zu tun, aber du wirst merken, dass etwas in dir passiert.

»Herr, mach mich zu einem Werkzeug deines Friedens. Dass ich liebe, wo man hasst. Dass ich verzeihe, wo man beleidigt. Dass ich verbinde, wo Streit ist. Dass ich die Wahrheit sage, wo Irrtum ist. Dass ich Glauben bringe, wo Zweifel droht. Dass ich Hoffnung wecke, wo Verzweiflung quält. Dass ich Licht entzünde, wo Finsternis regiert. Und dass ich Freude bringe, wo Kummer wohnt. Herr, lass mich trachten; nicht dass ich getröstet werde, sondern dass ich tröste. Nicht dass ich verstanden werde, sondern dass ich verstehe. Nicht dass ich geliebt werde, sondern dass ich liebe. Denn wer sich hingibt, der empfängt. Und wer sich selbst vergibt, wer sich selbst vergisst, der findet. Und wer verzeiht, dem wird verziehen. Und wer stirbt, der erwacht zum ewigen Leben.«

Franz von Assisi

DER VERWUNDETE HEILER

Wenn du dir selbst deine Schwächen beichtest und dich symbolisch oder in echt damit umarmst, wirst du bestimmt eine Entspannung spüren. Ich stelle immer wieder fest, dass sich viele Phänomene (eine charakterliche Schwäche, körperliche Schmerzen) dann wirklich auflösen. Doch ich wette, du hast genau wie ich bestimmte Wunden oder Schwächen, die einfach nicht weggehen wollen. Du hast alles Mögliche versucht – Therapie, Medizin, Rituale … –, doch diese »Schwäche« will einfach nicht aus deinem Leben verschwinden.

Schau, ich bin jemand, der viele mehr oder weniger schlaue Bücher geschrieben und Hunderte Seminare über die Kunst des guten Lebens gehalten hat. Da verstehst du bestimmt, dass ich lange damit am Hadern war, dass manche meiner seelischen Wunden trotz so tiefer Erkenntnisse nicht heilen wollten. Bis heute nicht! Doch dann las ich von Chiron, dem verwundeten Heiler, einer Figur aus den griechischen Sagen, und das erweiterte meine Perspektive auf unsere existenziellen Schwächen. Chiron war ein Zentaur, ein Mischwesen aus Mensch und Pferd, der durch einen vergifteten Pfeil verwundet wurde. Dieser Pfeil war so giftig, dass die Wunde einfach nicht heilen wollte. Chiron litt unsägliche Schmerzen. Gerade weil er diese Wunde hatte und weil er Schmerz aus eigener Erfahrung kannte, wurde er der beste Heiler seiner Zeit. Er verwandelte seine Wunde in kreative Energie.

Genauso ist es bei uns Menschen. Wir streben krampfhaft nach Perfektion, doch unsere wahre Schönheit strahlt durch die Risse unserer menschlichen Schale.

Weil ich verwundet bin, kann ich heilen.

Ich bin nicht aufgrund meiner Ausbildungen und Zertifikate ein guter Coach, sondern weil ich den ganzen Mist, in dem wir Menschen uns verfangen, am eigenen Leib erfahre. Ich schreibe keine guten Ratgeberbücher, weil ich schlauer als andere bin, sondern genauso menschlich, komplex, fragil wie sie. *Weil* du Schmerz kennst, kannst du heilen. *Weil* du selbst verletzlich bist, kannst du eine Stütze sein. Wenn du deine Schwächen bejahst, werden sie zu deinen Stärken. Sie verleihen dir Tiefe und eine Weisheit, die du nicht in Büchern finden wirst. Nicht der, der von oben herab einen klugen theoretischen Ratschlag erteilt, hilft seinen Mitmenschen wirklich. Sondern derjenige, der sagt: »Ich kenne diese Wunde, sie ist offen; ich bin genauso schwach wie du. Lass mich dich heilen, indem ich dich so sehe, wie du bist, und dich umarme.« Das ist aus meiner Sicht das schönste Geschenk von Schwäche.

Also lass uns Schwäche heilen. Nicht indem wir sie wegmachen, sondern indem wir sie nach Hause holen, unseren Geist dehnen und begreifen, dass Schwäche und Stärke letztendlich eins sind.

CHALLENGE
Das innere Gericht

Für diese intensive Selbsterkenntnis-Übung brauchst du drei Stühle, die du im Dreieck aufstellst. Auf den einen legst du ein großes Blatt Papier mit der Aufschrift: »Mein schwaches Ich«. Auf den zweiten ein Blatt mit der Aufschrift: »Mein*e strenge*r Richter*in«. Und auf den dritten Stuhl kommt ein Blatt mit der Aufschrift: »Mein höheres Selbst«.

1. Deiner inneren Richterin eine Stimme geben

In den meisten Menschen existiert die Stimme eines strengen inneren Richters, die uns permanent für unsere Makel, unsere Schwächen und unsere Unvollkommenheiten anklagt. Setz dich auf den Stuhl der Richterin, schließe die Augen und spüre, was sie dir vorwirft. Erlaube ihr, durch dich zu sprechen.

Öffne die Augen, schau auf den Stuhl deines schwachen Ichs und sage dir ganz ehrlich, weshalb du unzufrieden mit dir bist und wofür du dich verachtest.

2. Deinem schwachen Ich eine Stimme geben

Wechsle nun den Stuhl. Werde mit geschlossenen Augen zu deinem schwachen Ich. Zu jenem Teil in dir, der verletzbar ist, der nicht alles weiß, der Fehler macht, versagt …

Erlaube dir, ehrlich alle Gefühle wahrzunehmen, die die Anklage des Richters in dir ausgelöst hat. Sprich sie laut und unzensiert aus, bis alles gesagt ist. Nun halte eine Verteidigungsrede. Vielleicht hast du triftige Gründe, weshalb du manchmal schwach bist. Vielleicht gehören deine Schwächen einfach zum Menschsein dazu. Vielleicht hast du alles gegeben und es geht einfach nicht besser.

3. Deinem höheren Selbst eine Stimme geben

Setz dich nun auf den dritten Stuhl. Schließ die Augen und stell dir vor, es gebe in dir eine weise, gelassene, ja erleuchtete Instanz: dein höheres Selbst. Bitte es, deinen Körper zu nutzen. Öffne dann deine Augen und schau aus der Perspektive eines gütigen, weisen Wesens auf die beiden anderen Stühle.

Erkenne die Richterin für ihr unermüdliches Bedürfnis nach Verbesserung an. Erkenne bestimmte Punkte an, in denen sie recht hat. Versprich ihr, dass sie gehört wird, und bitte sie dann, sich zu entspannen und auch das schwache Ich als ihre*n Lehrmeister*in zu akzeptieren. Erkläre nun dem schwachen Ich deine Liebe. Erkläre ihm, warum und wie seine Schwächen wichtige Lektionen enthalten. Segne dein schwaches Ich. Du kannst zum Beispiel sagen: »Gerade weil du nicht alles weißt, bleibst du demütig. Deine körperliche Gebrechlichkeit erinnert dich daran, dass alles in dieser Welt kommt und geht und dass du nicht nur ein Körper bist.« Denke nicht groß nach. Lass es einfach aus dir heraus sprechen, du wirst überrascht sein. Halte abschließend die wichtigsten Erkenntnisse in deinem Schattentagebuch fest.

Part 5
Das Opfer und der Täter

Opfer und Täter sind zwei Elemente einer Gleichung, in der die eine Seite viel auf die andere projiziert. Ich kann dir sagen: Dieses Thema hat es wirklich in sich. Es berührt tiefe Wunden in uns und hat sehr viel mit *Schuld* und *Groll* zu tun. Wir alle fühlen uns in dieser Welt irgendwann einmal als Opfer. Auf der anderen Seite lastet vielleicht eine Schuld auf uns und wir fühlen uns als Täter. Beide Erfahrungen hindern uns daran, unsere Flügel richtig auszubreiten und in unsere volle Power zu kommen. Deshalb hat dieses Thema das Potenzial für eine tiefgreifende Heilung von uralten Wunden. Es bietet dir die Chance, dass du Macht, die du irgendwo in deiner Vergangenheit zurückgelassen hast, zu dir zurückholst.

Hierbei ist besonders wichtig, dass du gut auf dich und deine Grenzen achtest. Wenn dich meine Worte triggern, leg das Buch aus der Hand, atme tief durch. Überprüfe selbstverantwortlich, ob du für bestimmte Schritte schon bereit bist oder noch damit warten möchtest.

SCHAULOGIK

Wir haben im letzten Kapitel über unterschiedlich entwickelte Ebenen des Bewusstseins gesprochen. Auf der Stufe des dualen Denkens ist unser Geist nicht in der Lage, Paradoxien zu verstehen, sondern denkt immer »entweder/oder«; erst das integrale Denken ermöglicht uns die Perspektive »sowohl/als auch«. Beim Thema Opfer und Täter ist integrales Denken besonders wichtig. Denn wenn du dich mit der Dynamik von Täter und Opfer beschäftigst, wirst du sehr verschiedene Perspektiven hören und die meisten werden logisch klingen. Dein dual operierender Verstand könnte versucht sein zu denken, dass nur eine davon richtig sein kann. Zum Beispiel: *Entweder* ich zeige meine Wut als Opfer gegenüber dem Täter *oder* ich vergebe ihm. *Entweder* ich vergebe *oder* ich leite juristische Schritte ein. Hier ein leider sehr trauriges aktuelles Beispiel. Während ich dieses Buch schreibe, ist der Konflikt zwischen Palästina und Israel wieder einmal heftigst entflammt. In den Zeitungen, den sozialen Medien und auch in Demonstrationen ergreifen viele leidenschaftlich empört Partei für eine der Seiten. Diese wird zum Opfer stilisiert, die andere zum Täter. Es gibt wohl keinen anderen Konfliktherd der Welt, bei dem deutlicher wird, dass es eben nicht so einfach ist. Wer sich einmal die Mühe macht, die mehrere Tausend Jahre alte Geschichte der Araber und Juden, aber eben auch fast der gesamten Welt auf diesem kleinen Flecken Erde zu studieren, sieht Täter und Opfer auf beiden Seiten, scheinbar hoffnungslos verstrickt in Verbitterung und abgrundtiefem

Schmerz. Wer hier dual denkt und handelt, kippt nur weiter Benzin ins Feuer und projiziert sehr wahrscheinlich seinen inneren Täter auf eine der Seiten, während er sich mit der anderen identifiziert. Deshalb ist das integrale Denken so überlebensnotwendig. Denn erst ab hier wird Leben friedvoll ertragbar. Warum? Weil Leben in sich paradox ist.

Auf der Ebene des integralen Bewusstseins bist du fähig, *ein* Thema aus sehr unterschiedlichen Blickwinkeln zu betrachten. Du kannst zum Beispiel aus der Perspektive der Gesellschaft fragen, wie jemand überhaupt zum Täter geworden ist. Du kannst die Physiologie zurate ziehen. So gibt es nachweislich Menschen, denen im Gehirn etwas fehlt; sie können gar keine Empathie empfinden und das erklärt natürlich ganz viel. Du kannst die Angelegenheit auch zwischenmenschlich betrachten: »Wow, dieser Mensch hat das und das in seiner Kindheit erlebt! Das erklärt einiges.« Du kannst subjektiv an das Thema herangehen und schauen, wie du dich dabei fühlst. Und all diese Perspektiven – das ist ganz wichtig – sind *richtig*. Aber eben für sich allein betrachtet nicht vollständig.

Im Folgenden geht es mir also nicht darum, die *eine* perfekte Gleichung zu finden, sondern ich möchte dir verschiedene Perspektiven anbieten, die dich einladen, sowohl das Opfer als auch den Täter in dir zu finden. Ich möchte dich einladen, beide Positionen besser zu verstehen und so mehr in Frieden mit ihnen zu kommen. Wir trainieren unsere *Schaulogik*, also die Fähigkeit, auf dieselbe Sache aus verschiedenen Blickwinkeln zu schauen.

Lass uns damit beginnen, dass wir uns die Frage stellen, warum es in der Schattenarbeit überhaupt wichtig ist, uns die Opfer-Täter-

Dichotomie so gründlich vorzunehmen. Solange du dich als Opfer von etwas oder von jemandem fühlst, wirst du nie dein volles, tiefstes Glück in der Gegenwart erfahren, denn ein Teil deines Bewusstseins hängt in einem Vergangenheitsloop fest. Für deine Rolle als Täter*in ist es wiederum bedeutsam, eine gesunde und ethisch sauber durchdachte Beziehung zum Thema Macht und zu der damit verbundenen Verantwortung zu entwickeln. Erst wenn wir die Täterschaft in uns finden und ans Licht holen, werden wir ausgewogen mit den Machtdynamiken unserer Gesellschaft umgehen. Denken wir nur an die gerade stark grassierenden Verschwörungsgeschichten: Warum werden sie vor allem von Menschen geglaubt und weitergetragen, die selbst über relativ wenig weltliche Power verfügen? Wer in der weitverbreiteten Falle der erlernten Hilflosigkeit gelandet ist, identifiziert sich natürlich stärker mit der Rolle des Opfers und muss zwangsläufig den Schatten des Täters nach außen projizieren. Also, schauen wir uns nun genauer an, was ein*e Täter*in und was ein Opfer ist. Beginnen wir mit dem Pol, den wir meist negativer beurteilen.

DER TÄTER

Zum Tätersein gehören klassischerweise drei Merkmale. Erstens, ein Täter ist jemand, der etwas *falsch gemacht* hat.

Zweitens, ein Täter hat im Spiel der Dualität die *Macht*. Deshalb kann er oder sie ja *machen*, während das Opfer sich als *macht*los erfährt. Wenn etwas schiefläuft, suchen wir instinktiv nach demjenigen, der die Macht hat und somit auch die Verantwortung beziehungsweise die Schuld. Dabei muss der Täter nicht immer ein Mensch sein. Manchmal machen wir uns auch zum Opfer der Umstände. »Ich kann meinen Traum nicht leben, weil ich das Geld dafür nicht habe.« In dem Fall wird das Geld zum Täter. Was hat das Geld falsch gemacht? Es ist nicht bei dir und es hat die Macht. Das Geld hat, wenn du das so glaubst, die Macht über deinen Traum. Wir können erfahren, dass eine Krankheit, die Zeit, unser Horoskop oder das Wetter die Macht über uns haben.

Macht ist eine spannende Angelegenheit, mit ihr werden wir uns weiter unten noch ausführlicher befassen. Doch lass uns hier schon mal vormerken: **Eine der energiesparenden Tricks unseres Gehirns, um sich nicht an Lösungen beteiligen zu müssen, ist es, die eigene Macht auf jemand oder etwas anderes zu projizieren.**

Ein drittes Element ist noch wesentlich. Um jemanden zu einem Täter zu machen, müssen wir ihm unterstellen können, dass er die *freie Wahl* hatte. Wenn ich dir vorwerfe, dass du das Glas runtergeworfen hast, dann unterstelle ich dir, dass du das Glas nicht hättest runterwerfen müssen. Ganz simpel. Der gewichtigste Vorwurf, den wir tätigen, wenn wir jemanden zum Täter machen, ist: Der oder die hätte anders handeln können. Und deswegen ist es berechtigt, ihn oder sie zu beschuldigen. Das Gleiche gilt natürlich, wenn wir uns selbst zum Täter machen; wir werfen uns vor, dass wir anders hätten handeln können. Wenn du dir für ein Vorkommnis in deiner Vergangenheit nicht verzeihst, dann deshalb, weil du immer noch denkst, du hättest anders handeln können. Kannst du mir folgen?

Challenge
Erforsche den Täter in dir

Wo erfährst du dich in deinem Leben als Täter oder als Täterin? Wo erfährst du dich als jemand, der andere Menschen oder Tiere als Objekte benutzt? Wer sind deine Opfer? Wie fühlt sich das an? Welche Gefühle und Gedanken sind mit diesem Täterbewusstsein verbunden? Wer hat dir die Macht über die anderen gegeben? Wie könntest du diese Macht zurückgeben? Oder wie könntest du deine Macht weiser und mitfühlender zum Wohle aller nutzen? Ganz wichtig: Wo in deiner Vergangenheit hast du etwas getan, was du dir immer noch nicht verziehen hast?

Tipp: Wenn du dazu bereit bist, findest du auf **www.homodea.com** mit »Peacemaker« einen wundervollen Kurs für Vergebung.

DAS OPFER

Die Merkmale des Opfers sind spiegelverkehrt zu denen des Täters. **Das Opfer hat nichts falsch gemacht. Das Opfer hatte nicht die Macht. Und das Opfer hatte keine Wahl.** Das Opfer denkt und fühlt: »Als es passierte, hatte ich keine Wahl.« Doch es glaubt auch: »Ich habe heute keine Wahl.« Das ist von Bedeutung. Denn um mich vollständig als Opfer zu fühlen, muss ich glauben, dass ich auch heute keine anderen Optionen habe. Denn sonst würde ich ja nicht in der Opferschleife hängen bleiben.

Welche Begleitsymptome entspringen dem Opferbewusstsein? Zuerst und vor allem die Erfahrung einer Verletzung. Logisch. Als Opfer fühle ich mich verletzt, missbraucht, verraten, meiner Macht beraubt. Aus dieser Verletzung heraus wächst meist Groll. Diesen muss ich auf jemanden oder etwas projizieren. Ich beschuldige dich oder das Ereignis dafür, dass es überhaupt passiert ist.

Ich bitte dich, die folgenden Zeilen *aufmerksam* zu lesen. Wenn du in deinem Leben eine tiefe Verletzung erfahren hast, könnte es sein, dass dich die weiteren Ausführungen triggern. Sollte dies passieren, atme bitte tief durch und mach dir bewusst: **Du hast das Recht, alles zu diesem Ereignis zu fühlen und zu denken.** Es ist *deine* Geschichte. Du machst damit, was du willst. Ich will dir nichts einreden. Das Einzige, was ich dir hier anbiete, ist eine Möglichkeit, deine Perspektive zu erweitern, weil ich mir wünsche, dass du glücklich bist.

Challenge
Erforsche das Opfer in dir

Wo erfährst du dich in deinem aktuellen Leben als Opfer? Als Opfer von wem oder was? Wie fühlt sich das an? Wer hat dem Täter, der Täterin die Macht über dich gegeben? Wie könntest du diese Macht zu dir zurückholen? Welches Ereignis in deiner Vergangenheit hast du wem noch nicht verziehen? Ist dies vielleicht ein guter Zeitpunkt, dich der Vergebungsarbeit zu öffnen?

GROLL

Groll spielt bei der Täter-Opfer-Dynamik eine Schlüsselrolle. Groll ist eine Form von Empörung und sie verschafft dem Opfer oder demjenigen, der mit dem Opfer sympathisiert, Erleichterung. Wenn ich als Opfer sage: »Ich weiß, dass du anders hättest handeln können, und deswegen grolle ich dir. Ich habe das Recht, dich innerlich zu verdammen«, erfahre ich dadurch eine gewisse Genugtuung und auch eine kurzfristige energetische Entladung. Wenn ich den Täter verdamme, erhöhe ich mich als Opfer. Ich bin eigentlich in einer machtlosen Position, aber das Wenigste, was ich tun kann, ist, dich zu verdammen.

Wieso reagieren wir so? Was passiert, wenn wir jemandem grollen? Versuch mal, an einen Menschen zu denken, bei dem du dir ganz sicher bist, dass er in deinem Leben irgendwas verkackt hat. Er hat dich beschissen, er war fies zu dir, also jemand, dem du wirklich grollst. Wenn du diesen Menschen jetzt vor deinem inneren Auge hast und dich daran erinnerst, was damals passiert ist, gibst du mir sicher recht, wenn ich sage: Es fühlt sich irgendwie richtig an zu grollen, oder? Es erleichtert dich wahrscheinlich auch für einen Moment. Aber bringt dich das langfristig gesehen weiter?

Vor ein paar Jahren sind Andrea und ich einmal so richtig über den Tisch gezogen worden. Jemand hatte uns ein tolles Geschäft angeboten – doch im Endeffekt hat uns die Sache fast eine Million Euro gekostet. Als mir das klar wurde, habe ich mich erst einmal so richtig tief im Opferbewusstsein gesuhlt. Ich habe megaheftig gegrollt. Und jeder, dem ich davon erzählt habe, hat gleich mitgegrollt. Denn die Faktenlage war eindeutig. Wenn du ein Opfer bist und eine plausible

Geschichte hast, wirst du immer Menschen finden, die gemeinsam mit dir grollen. Das Problem an der Sache ist: Diese Menschen meinen es zwar gut, aber in Wirklichkeit gießen sie bloß Benzin ins Feuer deines Leids. So berechtigt der Groll ist und so nett das Mitgrollen deines Umfelds gemeint sein mag – beides hilft dir nicht wirklich weiter. Du entlädst dich kurzfristig emotional, doch du verankerst gerade durch die Empörung das Ereignis und seine Konsequenzen immer tiefer in deinem neuronalen Netzwerk.

Groll ist der energetische Bindfaden zwischen Täter und Opfer und hält ein längst vergangenes Ereignis als Erinnerung in dir lebendig.

Denn schau, was macht dein Groll? Er bindet dich energetisch an das Ereignis! Das ist die Grundeigenschaft des Grolls: Er hält das, was lange vorbei ist, in deinem Geist am Leben. In unserem Fall war die ganze Geschichte logischerweise irgendwann vorbei. Der Typ war weg. Das Geld auch. Doch unser Leben war schon längst weitergelaufen. Aber mein Groll ließ mich in meinem Geist immer wieder zu diesem Menschen und dem Verrat zurückkehren. Der Film lief immer und immer wieder in mir ab. So band ich mich geistig an das Ereignis und an die nicht integre Energie des Mannes.

Groll ist der energetische Bindfaden zwischen Opfer und Täter. Nimm dir einen Moment Zeit, um dir bewusst zu machen, was das heißt. Angenommen, der Mensch, als dessen Opfer du dich fühlst, war tatsächlich ein Arschloch – dann bindet dich dein Groll an dieses Arschloch und restimuliert die Verletzung wieder und wieder. Stell dir das einmal bildhaft vor. Du sagst zwar die ganze Zeit: »Ich will mit dem nichts mehr zu tun haben«, aber in Wahrheit setzt du dir bei jeder Gelegenheit eine Cyberbrille auf und ziehst dir den ganzen Scheiß noch mal rein.

Hölle ist, wenn ein Geist sich selbst verdammt und sich so in der Erinnerung an ein längst vergangenes Ereignis einsperrt.

Groll entspricht einer extrem negativen und somit energieschluckenden Frequenz unseres Bewusstseins. Das Leben macht vor allem dann Spaß, wenn wir es auf einer höheren Frequenz genießen. Wenn wir zufrieden sind; wenn wir mutig sind; voller Freude; wenn wir Liebe teilen; wenn wir Vertrauen und Dankbarkeit erleben – in diesen Frequenzen macht das Leben Spaß. Doch was viele Menschen nicht erkennen, ist Folgendes: Sobald du dir oder jemand anderem grollst, senkst du deine Energie massiv ab. Grollen ist also im Grunde so, als wenn du dir Gift in die Venen spritzt. Mit anderen Worten: **Durch Groll bestrafst du nur dich selbst.**

Hinzu kommt, dass sich viele Opfer insgeheim dafür schämen, dass es passiert ist. Das heißt, wir geben uns auch noch selbst die Schuld. Und jetzt kommen drei der negativsten Frequenzen zusammen: *Groll – Schuld – Scham*. Wie kommen wir aus dieser Sackgasse heraus? Indem wir eine größere Perspektive auf das Ereignis einnehmen.

DIE OPFERFALLE

Der Hauptgrund, warum wir als Opfer nicht vergeben können, liegt im Festhalten an der Opferperspektive auf das Geschehen: »Der Täter verdient meinen Groll. Er hatte die Macht, er hat einen großen Fehler begangen, dabei hätte er anders handeln können. Ich verdiene Selbstmitleid, weil ich das Opfer war und somit unschuldig und machtlos bin.«

Solange du das denkst, hängst du in der Opferfalle fest. Das ist dein volles Recht, doch mach dir bitte immer wieder klar, bis du es voll checkst: Du bestrafst damit nur dich selbst.

Challenge
Wem oder was grollst du?

Bitte versuche in diesem Punkt nicht, besonders vernünftig oder spirituell korrekt zu sein. Gestatte dir, die Fragen ehrlich und als stinknormaler Mensch zu erforschen:

Grollst du dir selbst?

Was wirfst du dir vor?

Was hättest du in der Vergangenheit besser machen sollen?

Welche Niederlagen und Fehler wirfst du dir vor?

In welchen Situationen hast du in anderen Menschen und Wesen Leid ausgelöst? Was hast du dir zu vergeben?

Wem oder was grollst du?

Weshalb grollst du?

Was hätte diese Person, dieses Wesen, diese Instanz anders machen sollen?

Welchen Schaden hat der Fehler dieser Person, dieses Wesens, dieser Instanz deines Erachtens in deinem Leben angerichtet?

Wie fühlt es sich für dich an, dem anderen dafür zu grollen?

Schreib die Antworten auf. Sprich die Dinge aus. Fühle sie. Erlaube dir, wütend, vorwurfsvoll und enttäuscht zu sein. Erst wenn du hier ganz im Klaren bist, wirst du in der Lage sein, den Schritt der Vergebung zu gehen.

HÖLLE 2.0

Als wir über das Gute und das Böse gesprochen haben, haben wir uns für den Gedanken geöffnet, dass der Teufel nicht irgendwo da draußen existiert, sondern dass Luzifer in uns ist. Lass uns in diesem Sinne jetzt die Metapher der Hölle einmal sehr persönlich nehmen.

Im alten, wörtlich verstandenen Sinne war die Hölle ein Ort, an den Menschen kommen, die etwas verbrochen haben, und der Teufel bestraft alle, die Scheiße gebaut haben. Wir können auch sagen: Hölle ist der Sammelplatz aller Täter*innen. Machtpolitisch und unternehmerisch gesehen, war die Erfindung der Hölle ein megaschlauer Schachzug der Kirche. Denn wenn es ihr gelingt, uns zu verklickern, dass sie als einzige Instanz weiß, was richtig und was falsch ist, und uns deshalb permanent drohen kann: »Noch einen Schritt weiter und du kommst in die Hölle«, dann hat sie uns voll im Sack. Falls wir dann die Grenze übertreten (was quasi unvermeidlich ist), gibt sie uns großzügig die Möglichkeit, uns von der Schuld freizukaufen und so der Hölle zu entkommen. Der Marketingexperte in mir denkt da nur zynisch: Brillant!

Ich hoffe, wir beide sind uns einig darüber, dass diese Hölle nur als Mythos existiert. Doch es gibt tatsächlich eine real von dir erfahrbare Hölle. Individuell ist es der Bewusstseinsraum in dir, in dem du dich für eine Schuld, die du dir auferlegt hast, immer wieder bestrafst. Da das seit Tausenden von Jahren Milliarden menschliche Geister tun, ist daraus auch ein unsichtbarer, aber ein erschreckend mächtiger Ort in unserem kollektiven Bewusstsein entstanden.

Wenn wir uns schuldig fühlen, sperren wir einen Teil unseres Bewusstseins in der dunklen Erinnerung an ein längst vergangenes Ereignis ein. Selbst wenn wir dies nicht bewusst erfahren, belastet uns diese Schuld massiv und raubt uns im Hier und Jetzt die Lebensfreude. Wenn dies nur uns betrifft, ist es unsere persönliche Hölle. Solange sich ein Großteil einer Bevölkerungsgruppe oder Nation sich dieser bewussten Aufarbeitung verweigert, belastet diese Schuld auch die kommenden Generationen. Diese Höllen mögen nicht in einem weltlichen Kontext nachweisbar sein. Für unsere Seelen sind sie real. Bis wir vergeben ...

Ein Freund von mir hat vor einigen Jahren einen Skiunfall verursacht, bei dem ein Mensch schwer verletzt wurde, mit lebenslangen Schäden. Er hadert sehr damit. Ich verstehe so gut, dass es ihm schwerfällt, sich zu vergeben. Wann immer er an dieses Ereignis denkt, ist die dunkle Wolke der Schuld für alle im Raum zu spüren.

Also, Hölle ist nichts, worin dich die Kirche oder ein falscher Guru schicken können. Das machst du selbst, wenn du dich für dein Tätersein verurteilst. Genauso ist es die Hölle, wenn du dich als Opfer von etwas erlebst. Denn was macht ein Opfer? Ein Opfer geht in seinem Geist auch immer wieder in die Situation zurück und erlebt sie noch mal und noch mal und noch mal. Die Situation ist vorbei!

Dein Groll hält deinen Geist in deiner (von ihm selbst) maßgeschneiderten Hölle fest. Der einzige Weg raus ist Vergebung.

Der Ausweg
ist Vergebung.

DIE KRAFT DER VERGEBUNG

Um Vergebung zu verstehen, ist es bedeutsam, den Unterschied zwischen *Schuld* und *Verantwortung* zu kennen.

Vielleicht denkst du hin und wieder: »Okay, es ist meine Schuld, dass das und das passiert ist.« Aber was genau soll das eigentlich heißen? Weißt du, was eine solche Aussage impliziert? Dass du der göttliche, allmächtige Mittelpunkt des gesamten Kosmos bist. Echt jetzt? Komm mal auf den Boden! Wir leben in einem unvorstellbar komplexen, multidimensionalen Universum. Zu jedem Zeitpunkt wirken unzählige Faktoren auf dich und dein Leben ein. Tatsächlich ist es eine ungeheure Anmaßung zu behaupten: »Ich bin an jenem Ereignis allein schuld.« Dafür fällt mir nur ein Wort ein: Größenwahn. Denn im Grunde sagst du damit, dass du in der Lage bist, alles zu kontrollieren. Überleg das mal! In Wahrheit haben bei diesem Ereignis, für das du dich schuldig fühlst, unzählige Faktoren und Einflüsse eine Rolle gespielt. Das heißt jetzt nicht, dass du gar keine Verantwortung trägst. Ver*antwort*ung ist unsere Aufgabe und Möglichkeit, in jedem Augenblick so gut und wach wie möglich auf das Leben zu *antworten*. Wir haben nicht alles im Griff, doch wir können uns bemühen, jetzt und hier bestmöglich zu antworten. Nicht mehr, aber auch nicht weniger.

Schuld belastet uns emotional und geistig schwer. Wenn ich meine Tochter anschaue und denke: »Oh, an der Angst, die sie da entwickelt hat, bin ich schuld«, macht mich das schwer und ihr hilft es keinen Deut weiter. Doch wenn ich mich frage: »Was ist heute meine beste Antwort in der Beziehung zu meiner Tochter?«, mobilisiert mich das. Es fordert mich auf eine belebende Weise heraus. Mit anderen Worten: Die Vergangenheit ist vorbei. Die Zukunft noch nicht da. Alles, was wir haben, ist dieser Augenblick und unsere Möglichkeit, bestmöglich auf ihn zu antworten.

Vergebung ermöglicht den Ausweg aus unserer Verstrickung in (Selbst-)Vorwürfe, Schuld und Leid. Vergebung ist kein Lichtschalter, den wir einfach anknipsen können. Sie ist ein Prozess. Ich glaube mittlerweile, dass die Erde ein Lernplanet für Seelen ist, die sich etwas zu vergeben haben. Egal wie viel Mühe du dir auch gibst, irgendjemandem wirst du irgendwann auf die Füße treten, nicht sehen, verletzen. Deshalb mach Vergebung zu deinem Lebensstil.

WILLST DU WIRKLICH VERGEBEN?

Schauen wir uns nun die einzelnen Aspekte an, die beim Vergeben eine Rolle spielen. Der Startpunkt ist die Frage: Willst du überhaupt schon vergeben? Bist du bereit? Denn es ist absolut okay, dir selbst das Recht einzugestehen, jetzt noch nicht vergeben zu wollen. Niemand hat Einblick in dein Herz und deine Lernprozesse. Wenn aus deinem Inneren ein klares Nein kommt, frag dich: »Warum noch nicht? Was fehlt noch?«

IST DA NOCH ETWAS?

Wenn du noch nicht vergeben kannst, frage dich:

Was muss vorher noch *getan* werden?

Was muss vorher noch *gesagt* werden?

Was muss vorher noch *gefühlt* werden?

Was musst du selbst noch tiefer *verstehen*?

Manchmal muss das Opfer noch einmal klar und laut aussprechen, wie sehr es verletzt wurde. Vielleicht ist es für dich wichtig, zu weinen und zu wüten! Vielleicht hast du viel zu schnell und artig versucht zu vergeben. Vielleicht ist es Zeit, dass du dir und dem anderen erst einmal deine ganze Verachtung und deinen vollen Schmerz offenbarst.

Vergebung lässt sich nicht erzwingen, aber vorbereiten und einladen.

In diesem Zusammenhang haben mich die Bücher von Desmond Tutu, dem Menschenrechtler und ehemaligen Erzbischof von Kapstadt, enorm berührt. Als in Südafrika die Apartheid aufgelöst wurde, zumindest offiziell, hat Tutu ganz viel zwischen Schwarzen und Weißen vermittelt. Während der Apartheid waren fürchterliche Verbrechen begangen worden. Die Schwarzen haben danach einen unglaublich mutigen Weg eingeschlagen. Sie beschlossen: »Wir können nicht einfach zurückschlagen. Wir können mit den Weißen nicht das Gleiche machen wie sie mit uns. Wir müssen einen Weg finden, einander zu verzeihen, sonst hat unser Land keine Zukunft.« Also richteten sie öffentliche Anhörungen ein, bei denen Opfer und Täter miteinander sprachen und der ganze Scheiß öffentlich wurde. Das wurde sogar im Fernsehen übertragen und dauerte so lange, bis der Punkt erreicht war, an dem beide Seiten sagen konnten: »Okay, und jetzt sind wir bereit. Wir verstehen uns jetzt und können einander die Hand reichen.« Bitte überspring diesen Schritt nicht. Das Gleiche gilt für die Täterseite. Wenn du dich als Täter fühlst und merkst: »Wenn ich ehrlich bin, kann ich mir mein Verhalten noch nicht vergeben«, dann ist irgendetwas noch nicht gelöst.

Was muss von dir noch *getan* werden?

Was muss noch *gesagt* werden?

Was muss noch *gefühlt* werden?

Was musst du selbst noch tiefer *verstehen*?

Vergebung lässt sich nicht erzwingen, aber vorbereiten und einladen.

OWNE DEINE GESCHICHTE

Der nächste Punkt ist Ownership. Wir haben bereits darüber gesprochen, wie wichtig es ist, Dinge nach Hause zu holen. Manchmal bist du in deinem Leben der Täter und manchmal bist du das Opfer. Beides sind Projektionen deines Geistes. Wenn du je herausfinden willst, wie mächtig du bist und wie viel Bewusstsein du in diesen Geschichten geparkt hast, beginne damit, dir klarzumachen: »Das ist *meine* Geschichte. Mein Geist hat entschieden, mich hier als Opfer zu sehen. Ich habe mich hier zum Täter gemacht. Ich verstehe noch nicht alle Zusammenhänge, aber ich hole diese Geschichte nach Hause. Das ist mein kostbares Leben und zu diesem Leben gehört ganz offenkundig auch dieser Dreck. Das hole ich jetzt nach Hause.« Das zu denken ist so ein wichtiger Schritt. Du musst noch nicht wissen, wie das alles im Konkreten geht; aber du brauchst erst mal diese Haltung der Hoheit über die Deutung der Geschichte. Denn mach dir klar: Auch wenn du es im Augenblick noch nicht erkennen kannst, es gibt in jeder Geschichte eine tiefere Ebene von Wahrheit, die dir Frieden schenken wird.

MANCHE UNTERSUCHUNGEN BERGEN ÜBERRASCHUNGEN

Bevor wir die Opfer-Täter-Dichotomie tiefer untersuchen, sind mir zwei Unterscheidungen wichtig. Zuerst möchte ich zwischen einer konkreten Opfersituation und einem inneren Opferbewusstsein unterscheiden. Wenn du in eine Situation gerätst, in der du zum Beispiel aufgrund der körperlichen Überlegenheit deines Gegenübers keine Chance hattest, dich zu wehren, dann bist du in diesem Moment ganz klar in der Situation eines Opfers. Wenn du dich auch Jahre später noch als Opfer dieses vergangenen Ereignisses fühlst, bist du in einem inneren Opferbewusstsein. Dieses aufzulösen ist das Anliegen dieses Kapitels. Die zweite Differenzierung betrifft Vergebung und juristische Konsequenzen. Wenn dir etwas Kriminelles widerfährt, solltest du natürlich auch ein juristisches Vorgehen in Betracht ziehen. Doch du kannst – auch wenn der andere bestraft wird – innerlich vergeben, um dein Bewusstsein aus diesem Ereignis zu erlösen. Okay?

Und nun beginnt die Untersuchung. Du stellst also fest: »Ich habe in meinem Leben diese Geschichte, die auf den ersten Blick absolut logisch und plausibel klingt, sodass mir jeder, dem ich davon erzähle, die Geschichte abkauft.« Auf Grundlage dieser Geschichte fühlst du dich entweder als Opfer oder als Täter. Das fühlt sich wahrscheinlich sehr echt für dich an. So echt, dass du entrüstet reagierst, wenn sie jemand hinterfragt. Also frage ich dich lieber vorher: Bist du bereit, die Grundfesten deiner Geschichte gemeinsam mit mir sanft zu erschüttern? Das ist erst mal nur eine Frage, du musst diesen Schritt nicht gehen. Aber wenn, dann brauchst du die Bereitschaft, die scheinbar so offensichtliche Logik der Geschichte zu hinterfragen.

Blicken wir zunächst auf die Täterseite. Hatten die Täter*innen in unserem Leben wirklich eine Wahl? Sehen wir das ganze Bild? Und wer hat ihnen die Macht gegeben?

Ein Beispiel: Als ich mein Elternhaus verließ, »wusste« ich über viele Jahre, wer daran schuld war, dass ich nicht vollständig glücklich sein konnte. Tata! Meine Eltern! Viele Jahre Grübelei und Therapie hatten in mir eine laaaaange Liste ihrer Fehler entstehen lassen. »Weil sie nicht das …, aber dafür das … mit mir getan hatten, bin ich nicht unter optimalen Bedingungen groß geworden. Ich konnte mich in Beziehungen nicht richtig einlassen, mir fehlte Selbstvertrauen, ich war nicht erfolgreich, weil …«

Ich bin nicht stolz darauf, doch ich habe dies meinen Eltern lange Zeit vorgeworfen. Warum? Weil ich davon ausging, dass sie die *Wahl* hatten, dass sie die *Macht* hatten und dass sie manche Dinge *falsch* gemacht hatten. Deshalb wurden sie in meinem Bewusstsein die Täter*innen und ich das Opfer. Irgendwann begann ich, genauer zu hinterfragen.

Hatten sie tatsächlich die Wahl? Je mehr ich von ihrer herausfordernden, entbehrungsreichen Kindheit erfuhr, desto mehr zweifelte ich dies an. Spätestens, als ich selbst Vater wurde und am eigenen Leib erfuhr, wie schwer es ist, seinen eigenen Vorsätzen immer gerecht zu werden, gab ich diesen Punkt auf.

Hatten sie die *Macht*? Damals, als ich ein Kind war, sicher. Aber jetzt nicht mehr! Es sei denn, ich würde weiterhin wählen, sie für mein erwachsenes Leben verantwortlich zu machen. Haben sie es *falsch* gemacht? Was bitte schön ist genau falsch? Geht es immer noch besser? Klar. Doch es gibt, auch wenn das hart klingt, kein kosmisches Buch, in dem deine und meine »richtige« Kindheit beschrieben wird. Ist es richtig, dass manche Kinder bereits bei der Geburt sterben? Ist es richtig, dass andere in Kriegsgebieten geboren werden? Ist es richtig, dass wiederum andere eine superglückliche Kindheit hatten und dann an Krebs sterben? Es gibt aus existenzieller Sicht kein Richtig und Falsch. Leben ist manchmal sonnig und sauber und manchmal dunkel und dreckig. Natürlich ist es menschlich zu sagen: Ich hätte es mir anders gewünscht! Doch zieh dir das bitte rein: **Solange du darauf beharrst, dass deine Vergangenheit ein Fehler war, bist auch du ein Fehler. Und du wirst dir das immer wieder beweisen.**

Ich rede nach wie vor nicht schön, was war, genauso wenig, wie ich mir versuche einzureden, dass ich immer der perfekte Vater für Leona war. Meine Kindheit war, wie sie war. Sie hatte wunderschöne und schmerzhafte Aspekte, wie das Leben eben ist. Aber unsere Eltern haben, das ist mir mittlerweile klar, definitiv ihr Bestes gegeben. Wir entscheiden als Erwachsene, wie viel Macht wir unserer Vergangenheit über Gegenwart und Zukunft geben. Hätten wir, mit derselben Geschichte im Hintergrund, anders handeln können? Sind wir uns da so sicher?

Diese Form der Untersuchung kann manchmal sehr schnell Aha-Effekte produzieren, manchmal braucht es Jahre. Auch wenn du im Augenblick vielleicht noch protestierst, du kannst dir ganz sicher sein: Die Dinge sind anders, als du denkst. Du hast noch lange nicht alle möglichen Blickwinkel eingenommen und du bist wesentlich mächtiger, als du wahrscheinlich glaubst. Wahrscheinlich hast du schon einmal von der Methode »The Work« von Byron Katie gehört. Eine einfache, aber sehr wirkungsvolle Sequenz von Fragen, die die Geschichte, an der wir so gelitten haben, in sich zusammenfallen lassen kann.

Zu vergeben und die Macht zu uns zurückzuholen heißt nicht, jetzt mit den Tätern von damals in eine WG ziehen oder alles toll finden zu müssen. Vielleicht stelle ich fest, dass ich trotz Vergebung deutlichere Grenzen ziehen muss oder diesen Menschen nie wiedersehen möchte. Doch ich muss innerlich nicht immer wieder an den Tatort zurückkehren. Ich kann loslassen und mein Leben hier und jetzt voll leben.

Kommen wir nun zum Opfer: »Das Opfer hat nichts falsch gemacht und war machtlos.« Das ist die Basis der Geschichte. Aber stimmt das überhaupt? Ist es wahr? Du ahnst vielleicht schon, worauf ich hinauswill ...

Zunächst möchte ich noch einmal deutlich darauf hinweisen, dass sich die folgenden Ausführungen nicht auf Kinder beziehen. Kinder sind schutzlos. Kinder haben meistens keine Wahl. Deswegen müssen wir sie und ihr Bewusstsein immer und überall schützen, ganz egal, ob es unsere eigenen Kinder sind oder die unserer Nachbarn. Lass uns also annehmen, in deiner Kindheit ist etwas Negatives passiert und du warst dem damals schutzlos ausgesetzt. Du warst damals das Opfer. Das ist unbestreitbar. PUNKT. Aber du bleibst ja nicht auf immer und ewig ein Kind. Für dich als Erwachsenen sieht die Lage anders aus. Jetzt kann und muss ich dich herausfordern: Hast du heute eine Wahl? Hast du heute (zumindest rein theoretisch) die Möglichkeit, deine Vergangenheit anders zu interpretieren und das, was dir passiert ist, in eine kostbare Chance zu verwandeln? Hättest du die Möglichkeit, die Macht, die in dieser alten Verletzung geparkt ist, zu dir zurückzuholen? Sei ehrlich, auch wenn die Antwort eventuell gegen deinen Stolz geht. Wie lange musst du noch das Opfer deiner Vergangenheit sein und wer entscheidet, wann es reicht? Und falls du ahnst, dass es dein eigener Geist ist, kommt jetzt eine sehr provokante Frage: **Wenn du dich selbst zum Opfer denkst, wer ist dann heute in Wahrheit der Täter?**

DIE VIELEN SEITEN DER MACHT

Um noch tiefer einzusteigen, müssen wir auch über Macht reden. Denn wie wir gesehen haben, projiziert ein Opfer die Macht nach außen. Aber was genau ist Macht? Macht bedeutet: Ich kann *Wirkung* erzielen. Macht existiert auf vielen verschiedenen Ebenen. Wir können physisch Macht haben. Vielleicht bist du Kampfsportler oder Gewichtheberin. Wir können emotional Macht ausüben. Wenn du schon mal in einer toxischen Beziehung warst, weißt du, dass du emotional regelrecht ausgesaugt werden kannst. Umgekehrt kannst du jedoch auch auf positive Weise emotional Macht ausüben, indem du dein Gegenüber mit deiner ansteckenden Begeisterung aus einem Stimmungstief heraushilfst. Dein Geld auf dem Konto ist Macht. Dein Auto ist Macht.

Dein Geist ist die Macht mit der größten Hebelwirkung. Entscheidet sich dein Geist, glücklich zu sein, werden ihn keine Umstände davon abbringen.

Macht ist also Wirksamkeit, im positiven und negativen Sinne. Macht kann Gutes und Böses bewirken. Das Ergebnis steht nicht immer im Voraus fest. Manchmal gehen Dinge, die du in guter Absicht tust, voll nach hinten los. Auf der anderen Seite können sich Riesenfehler im Endeffekt als das größte Geschenk für alle erweisen. Auch wenn es auf den ersten Blick attraktiv erscheinen mag, machtvoll zu sein – Macht bringt einige mögliche Nachteile mit sich.

→ Macht anzuwenden, um Part der Lösung für ein Problem zu sein, ist für unser Gehirn energieraubender, als sich hilflos zu fühlen und einfach immer nur über die Missstände zu meckern.
→ Macht macht sichtbar. Mehr Menschen werden dich toll finden, aber auch mehr kritisieren und ablehnen.
→ Macht positioniert. Einige werden sich gegen deine Position stellen, sich von dir abwenden. Manchmal wirst du einsam sein.
→ Macht beinhaltet die Gefahr, dich schuldig zu machen.

Denn wenn wir in diesem Leben Macht ergreifen – egal, auf welcher Ebene – laufen wir immer auch Gefahr, Fehler zu machen. Was also machen viele Menschen? Sie verweigern Macht. Achtung, auch wenn es erst mal provokant klingt, lass es bitte wirken: **Menschen, die sich als Opfer fühlen, verweigern sich ihrer Macht.** Wenn du dich zum Beispiel als Frau als Opfer eines lieblosen, aggressiven Mannes fühlst, weigerst du dich, die Macht, die du in Wahrheit hast, zu finden und zu aktivieren. Wenn du ein Idealist bist und dich ständig über die Missstände der Welt empörst, fühlst du dich auf der Seite der Guten. Aber tatsächlich bist du faul. Empörung ist keine Kunst. Etwas anderes ist es zu sagen: »Okay, ich will, dass sich etwas verändert, also nehme ich die Macht an und greife in das Geschehen ein.«

Doch jetzt kommt der dicke Hund: **Macht nicht anzunehmen ist auch Macht!** Sagen wir, du stehst mit einem Menschen privat oder beruflich in einer Beziehung und dieser Mensch legt ein selbstzerstörerisches Verhalten an den Tag, zum Beispiel trinkt er viel zu viel Alkohol. Wenn du nicht eingreifst, dann ist das Macht! Wenn du im Bus sitzt und siehst, wie eine Person of Colour angepöbelt wird, und du nicht eingreifst, ist das Macht. Wenn du eine Gabe hast und ganz genau weißt: »Wenn ich die rauslassen würde, wäre das für die Welt richtig wertvoll«, aber du tust es nicht – vielleicht weil du in der Richtung mal negative Erfahrungen gemacht hast –, dann ist das Macht. Mit anderen Worten: Dich zurückzuhalten und nicht zum Täter zu werden ist ... Täterschaft!

Alle Verhaltensweisen anderer Menschen, die sich in deinem Leben längerfristig halten, können dies nur, weil du es gestattest. Das ist passive Täterschaft! Vielleicht ahnst du schon die integrale Konsequenz dieser Überlegungen: Wenn du auf diesem Planeten gelandet bist, bist du immer Opfer und immer Täter*in. Du kannst nicht karmisch neutral leben. Alles wirkt auf dich ein. Niemand hat dich gefragt, ob du geboren werden willst. Die Umstände deiner Erziehung, deine Kindheit, deine aktuellen Beziehungen – alles bewirkt dich. Doch du wirkst eben auch immer auf alles ein. Dein nächster Atemzug, was du aus diesem Buch machst ... alles erzeugt Wirkung. Der Sauerstoff, den du heute atmest, verändert das Gleichgewicht der Atmosphäre. Das Brot, das du heute isst, fehlt vielleicht irgendjemand anderem auf der Welt. Der Mann, den du heiratest, steht allen anderen 3,7 Milliarden Frauen nicht mehr als Liebespartner zur Verfügung. Ob du willst oder nicht, du beeinflusst alles. Du bist auf diesem dualen Planeten bis zum letzten Atemzug Opfer und Täter*in. Du hast, ob du willst oder nicht, Macht.

Ein weiterer wichtiger Punkt an Macht ist: Sie bedeutet Privileg. Auch wenn du dir nicht all deiner Privilegien bewusst bist, wenn du dieses Buch liest, gehörst du zur Elite der Menschheit. Du hast einen Geist, der richtig gut funktioniert; du verstehst, was ich dir mitteile; du kannst über diese Themen sprechen, ohne Angst zu haben, dass du in den Knast wanderst; du hast ein Dach über dem Kopf, warmes Wasser, Essen im Kühlschrank! Das ist alles Macht. Du hast allein am heutigen Tag 50 000 bis 60 000 Gedanken. Jeder von ihnen ist potenziell eine Idee, die die Welt revolutionieren könnte. Das ist Macht!

Wenn du allein nur dieses Kapitel voll in dich aufnimmst und beschließt, Opfer und Täter in dir nach Hause zu holen, wird sich dadurch nicht nur dein Leben stark positiv wandeln. Du wirst einen konkreten, nachweisbaren Impact auf alle deine Mitmenschen, die Generation vor dir und alle folgenden haben. Zieh dir das mal rein: **Deine Art, dieses Buch zu lesen und zu verarbeiten, hat die Macht, das Leben der Menschen in 10 000 Jahren zu verändern!** Das ist dein atemberaubendes Privileg. Diejenigen, die die Macht haben, haben das Privileg zu bestimmen, was mit dieser Macht passieren soll. Wenn du verstehst, was ich dir in diesem Kapitel vermittle, hast du gegenüber einem Großteil der Menschheit, der sich einfach nur als Opfer fühlt beziehungsweise schamlos Täter*in ist, ein enormes Privileg. Denn ab jetzt kannst du wesentlich intelligenter und weiser entscheiden, was du mit der Macht, die das Leben dir anvertraut hat, anstellst.

Willkommen im Klub der ewigen Täter und Täterinnen.

Mit dem Privileg geht Verantwortung einher. Erst als unser Unternehmen größer wurde, als Andrea und ich anfingen, mehr Mitarbeiter*innen einzustellen und mehr Geld einzunehmen, habe ich begriffen, warum ich davor den Erfolg so hinausgezögert hatte. Weil Erfolg auch Power ist! Weil du plötzlich nicht mehr sagen kannst: »Wenn ich Geld hätte, würde ich die Welt verändern.« Plötzlich hast du finanzielle Macht und du musst dich entscheiden, was du damit tust.

Macht bedeutet immer auch Versuchung. Die Macht, die du hast, kann dich in Versuchung bringen, etwas zu tun, was du später bereust; und wenn du dir nicht vergibst, landest du in deiner Hölle. Deshalb betrachten sich viele Menschen lieber als machtlos. Doch ich hoffe, bei dir ist mittlerweile voll angekommen: Du bist niemals machtlos!

Alles, was du tust und was du unterlässt, verändert das gesamte Universum. Wenn du Frieden schließen willst mit den Tätern dieser Welt, musst du Frieden schließen mit dem Täter, der Täterin in dir. Willkommen im Klub der ewigen Täter und Täterinnen!

DEINE WAHL

Um aus diesem Schattenspiel der ewigen Täter-Opfer-Dichotomie auszubrechen, frage dich: **Wo ist die wahre Macht?** Stell dir vor, dir ist in der Vergangenheit etwas passiert. Jemand hat dich verletzt, verraten, betrogen und das lässt dich nicht los. Du kehrst immer wieder zu diesem Moment zurück und verdammst den Täter. Im ersten Moment sieht es so aus, als hätte der andere die Macht, stimmt's? Wir haben schon darüber gesprochen: Immer dann, wenn wir uns als Opfer sehen, ist die Macht scheinbar irgendwo da draußen. Bei einem anderen Menschen, beim Geld, bei der Zeit. Aber du weißt jetzt: Du leidest an einem vergangenen Erlebnis oder dem Verhalten eines Mitmenschen, weil du ihm Macht verleihst. Wo ist also tatsächlich die Macht? Diese Frage ist der Schlüssel!

Auf der körperlichen Ebene und auf der Ebene deines kleinen Egos kannst du bis zu deinem letzten Atemzug verletzt, missbraucht, betrogen werden. Dein Körper hat nicht die wirkliche Macht. Egal wie gut du für ihn sorgst, er ist verletzbar, er kann krank werden, er kann von einem Auto angefahren werden. Auch dein Ego hat nicht die Macht. Wenn alles gut läuft, plustert sich dein Ego auf und du denkst: »Ich bin toll, ich bin unverwundbar.« Doch eines Tages geht dein Geschäft in Konkurs oder deine Liebste verlässt dich – Crash. Dein Ego ist am Boden. Und du merkst ganz schnell: Dein Ego ist so was von verletzbar! Auf der Ebene des Körpers und des Egos kannst du jederzeit gefickt werden. Auf diesen Ebenen kommst du niemals endgültig aus dem Opferdasein raus, denn irgendetwas kann immer mächtiger sein. Aber du existierst noch auf einer tieferen Ebene!

Viktor Frankl war ein österreichischer Neurologe und Psychiater, der seine gesamte Familie im Konzentrationslager verlor. Er selbst überlebte mehrere Lager und veröffentlichte kurz nach dem Krieg darüber ein eindrucksvolles Buch: »Trotzdem JA zum Leben sagen«. Er schrieb darin allen Ernstes von glückseligen, befreienden, ekstatischen Momenten im Konzentrationslager. Wie kann das sein? Weil er eine Dimension in sich entdeckte, die den Körper und das Ego transzendiert. Er fand einen Weg aus dem Täter-Opfer-Kreislauf heraus. Ich möchte diese befreiende Möglichkeit an einem der Schlüsselbilder der Bibel verdeutlichen. Es dürfte dir klar geworden sein, dass ich die Bibel nicht als Niederschrift einer historischen Wahrheit, sondern eine mächtige kollektive Projektion unseres Schattens und Lichtes sehe.

Aus dieser Perspektive wird die Kreuzigung zu einem Gleichnis von jemandem, dem die größte Ungerechtigkeit überhaupt widerfährt. Das unschuldige Lamm Gottes, der bedingungslos Liebende wird von seinem eigenen Volk verraten, verhöhnt und ans Kreuz genagelt. Bitte fühl dich in diesen Moment hinein. Schlimmer kann man nicht zum Opfer gemacht werden! Doch obwohl Jesus ahnt, was kommt, und er bis kurz vor seiner Kreuzigung die Möglichkeit hat, dem auszuweichen, geht er den Weg bis zum Ende. Er hätte es verhindern können. Er ist also auch Täter. Er opfert freiwillig Körper und Ego, um im Tod und der Auferstehung das zu finden und zu offenbaren, was nicht verletzt werden kann. Etwas, was so mächtig und strahlend ist, dass wir diese Geschichte über 2000 Jahre weitererzählt haben. Wow! Daraus können wir etwas lernen.

In jedem Menschen existiert eine Ebene, die durch nichts berührt oder verletzt werden kann. Wir finden den Zugang nur durch unsere

Das, was du wirklich bist,

wurde nie verletzt!

persönliche Kreuzigung (bitte nicht wörtlich, sondern bildhaft verstehen). In Momenten der Demütigung, der Niederlagen, der Krisen, aber auch auf dem Zenit unserer persönlichen Macht, wenn es uns dann gelingt, unser inneres Opfer und den oder die Täter*in bewusst still zu halten und in diesem Feuer stehen zu bleiben, werden wir etwas in uns finden, was nie geboren und nie verletzt wurde: Atman, den reinen Seelenfunken. Das ist die erlösende Nachricht für das zutiefst verletzte Opfer in dir: *Das,* was du wirklich bist, wurde nie verletzt. Und das ist die erlösende Nachricht für den schuldigen Täter in dir: *Das,* was du wirklich bist, hat nie verletzt.

Da die Täter-Opfer-Dynamik ein wirklich sensibles Thema ist, möchte ich an dieser Stelle noch mal ganz klar betonen: Ich habe vor allem, was du erlebt hast, großen Respekt. Wenn du verletzt wurdest und du spürst, dass du trauern oder grollen musst, dann sage ich dir ganz klar: Natürlich hast du das Recht dazu. Und dennoch wünsche ich dir natürlich Heilung und Freiheit auf tiefstmöglicher Ebene und dafür Zugang zu der Dimension in dir, die die Täter-Opfer-Dynamik transzendiert. Wenn du daran glaubst und danach suchst – »Ich suche diesen nicht verletzbaren Teil in mir; ich suche den Teil, der durch nichts angetastet werden kann« –, wirst du ihn finden, denn *das* ist deine wahre Natur. Ich halte eine Therapie in vielen Situationen für ausgesprochen wichtig und wertvoll. Doch wenn der/die Therapeut*in diese essenzielle Ebene nicht kennt, kann er dich nicht dorthin begleiten. Dann läufst du Gefahr, durch ihn oder sie in der Opfer-Täter-Dichotomie bestärkt zu werden. Deshalb ist es bedeutsam, dass du dir und deiner Ahnung mehr vertraust als jeder Expertin oder jedem Experten, mich mit eingeschlossen.

In *Ein Kurs in Wundern* findest du einen bemerkenswerten Satz: »Nichts Unwirkliches existiert. Nichts Wirkliches kann bedroht werden.« Solange du die tiefste existenzielle Ebene deines Daseins nicht kennst, ergibt dieser Satz keinen Sinn. Doch wenn du einmal das Unberührbare, Stille in dir erfahren hast, verstehst du …

Nach dieser Essenz kannst du rufen. Wenn es stimmt, was die Mystiker*innen aller Zeiten als unsere wahre Natur beschrieben, dann ist es dein Geburtsrecht, deiner Sehnsucht nach dieser Freiheit nach innen zu folgen, und der Ausgang der Reise ist gewiss. Auf der Bühne des Lebens scheint es immer Opfer und Täter*innen, Siege und Niederlagen zu geben. Jemand gewinnt, jemand anderes verliert. Jemand hat mehr weltliche Macht, der andere weniger. Doch aus dieser weitaus größeren Perspektive erkennst du, dass all unsere menschlichen Dramen vor einem Hintergrund ewiger Stille geschehen. Diese Stille ist die Quelle jeder Macht und in ihr löst sich die Täter-Opfer-Dichotomie auf.

Das Leben steht letztendlich immer auf deiner Seite. Gerade weil es dich liebt, gibt es dir nicht, was du willst, sondern immer das, was du brauchst.

IN FRIEDEN MIT OPFER UND TÄTER

Diese stille Quelle zu kennen heißt allerdings nicht, dass es fortan in deinem weltlichen dualen Leben gar keine Opfer und keine Täter mehr gibt. Das ist gar nicht möglich. Denn wie wir gesehen haben, sind wir allein aufgrund unserer Existenz auf diesem Planeten immer schon Opfer und immer schon Täter*in. Sondern es bedeutet, dass sich deine Haltung ändert. Wenn du wählst, deinen nicht verletzbaren Teil, deinen Geist, zu suchen, zu finden und zu ehren, schließt du mit der Position der Opfer und der Täter*innen Frieden. Du vergibst beiden. Dem Opfer und Täter in dir und dem Opfer und der Täter*in in anderen. Du dankst für die Lektion, die sie dir erteilen. Du spielst das Spiel ab jetzt nicht mehr so verbissen. Du spielst es lässiger, mitfühlender, mit einem leisen Lächeln auf den Lippen. Du stehst jeden Morgen erneut vor der wunderbaren Herausforderung, darum zu bitten, dass das Leben dich zum Wohle aller führt und dir den Weg mit Herz zeigt. Damit du am Ende deiner Tage sagen kannst: »Hey, ich habe die mir in diesem Spiel anvertraute Macht hoffentlich zum Wohle aller eingesetzt.«

Challenge
Vergebungsgebet

Modifiziere das folgende Vergebungsgebet und sprich es mindestens einmal langsam und laut aus. Es ist angelehnt an das hawaiianische Gebet für Vergebung Ho'oponopono:

Liebes Leben (Universum, Gott) ...

Ich (dein Name)

____,

möchte einem anderen Menschen/Wesen vergeben und bitte dafür um deine Kraft und Liebe. Ich haderte bis eben mit folgendem Thema in mir:

____.

Ich bin jetzt bereit, damit Frieden zu schließen. Selbst wenn ich nicht weiß, wie das geht.

Was auch immer der Grund ist, dass diese Vorwurfsenergien in mir sind, ich übernehme jetzt die Verantwortung dafür. Es tut mir aufrichtig leid, dass ich geglaubt habe, dass diese Gedanken wahr seien, und es tut mir leid, dass ich sie durch meine wiederholte Bestätigung mit so viel Bedeutung aufgeladen habe.

Sollte ich diesbezüglich mit meinen Gedanken, Gefühlen und Taten jemanden verletzt haben – und vor allem sollte ich mich selbst verletzt haben –, so bitte ich alle um Vergebung und vergebe auch mir selbst.

Ich möchte diesem Menschen/Wesen hier und jetzt vergeben. Ich vergebe und lasse die falsche Idee los, dass dieser Mensch/dieses Wesen anders hätte handeln können.

Wir sind alle eingebunden in einen unendlich komplexen Strom von Wechselwirkungen. Alles bedingt sich gegenseitig. Möge sich dieses Thema in Liebe, Licht und Dankbarkeit verwandeln.

Ich verstehe, dass dieser Mensch/dieses Wesen genau wie ich jederzeit sein Bestes gegeben hat und dass es so etwas wie einen Fehler im absoluten Sinne gar nicht geben kann.

Ich vergebe diesem Menschen/diesem Wesen, mir sowie allen anderen Wesen die Unbewusstheit, die zu Leid geführt hat.

Dieser Mensch/dieses Wesen ist karmisch für seine Taten verantwortlich. Das Leben wird sich darum kümmern, ich muss das nicht tun. Ich gebe alle Energien, die zu diesem Menschen/diesem Wesen gehören, in seinen Bewusstseinsstrom zurück. Ich wünsche diesem Menschen/diesem Wesen aus ganzem Herzen volles Erwachen, Glück und ein Leben im Sinne des Wohls allen Seins. Ich lasse jetzt allen Groll und alle anderen negativen Gefühle diesbezüglich los und bin befreit. So sei es.

Ich danke von ganzem Herzen für diesen Moment der Vergebung. Ich bin bereit, meine Erfahrung mit diesem Menschen/diesem Wesen in meinem Leben in Stärke, Liebe und Weisheit zu verwandeln. Ich danke dafür, dass ich wählen kann, diesem Menschen/diesem Wesen jetzt zu vergeben. Ich vertraue dem Leben. Es gibt mir nicht immer das, was ich mir wünsche. Aber immer das, was ich für mein Wachstum und mein Erwachen brauche. Ich liebe mich und nehme mich voll an, so wie ich bin.

Ich bin bereit, ab jetzt viel friedlicher, freier und liebevoller zu leben. So sei es.

Dein Wille, liebes Leben (Universum, Gott, Liebe) geschehe.

Ich danke dir und allen guten Kräften, die mich hierhergeführt haben. So sei es.

Vergebung bedeutet Befreiung.

Part 6
Deine wahre Größe

Bereit für den vierten Drachen? Wir haben uns bisher vor allem mit den negativen Aspekten des Schattens beschäftigt.

Erinnere dich, was ich am Anfang schrieb: C. G. Jung definierte den Schatten vor allem als den versteckten Teil unserer individuellen und kollektiven Psyche, in den wir all das verbannt haben, was für uns zu schmerzhaft, zu peinlich oder zu grausam ist. Doch es gibt ebenfalls Dinge, die wir in den Schatten abgeschoben haben, weil sie für uns zu großartig, zu lichtvoll, zu stark sind. Auch diese Anteile sind nicht in unserem Bewusstsein präsent und wirken im Verborgenen. Der Schatten ist also auch das Positive, das Erhabene, das wir noch nicht in uns sehen können oder sehen wollen. Auch hier kannst du auf beherzte und zugleich behutsame Weise Schattenarbeit leisten und auf diese Weise zu mehr Freude, Souveränität und Frieden finden. Lass uns also in diesem Kapitel einen weiteren Schritt gehen und auf deine wahre Größe schauen. Bist du bereit?

BEWUNDERUNG, NEID, INSPIRATION

Welche Aspekte sind so strahlend und groß, dass du im Augenblick noch nicht bereit bist, sie zu integrieren? Dafür möchte ich zuerst eine Unterscheidung treffen zwischen *Bewunderung*, *Neid* und *Inspiration*. Man kann diese Begriffe sehr verschieden interpretieren. Ich möchte dir für unsere Untersuchung die folgende Definition vorschlagen:

Bewunderung bedeutet: Du siehst in einem anderen Menschen etwas, das du toll findest. Du gönnst es ihm. Du hebst ihn dafür innerlich auf einen Sockel. Du denkst und fühlst: »Aha, er hat etwas, das ich auch gern hätte; vielleicht wird das ja irgendwann der Fall sein.« In der Bewunderung steckt also die Hoffnung, dass auch du das haben kannst, was du bewunderst. Deshalb gönnst du es dem anderen.

Neid ist vergiftete Bewunderung: Der andere hat etwas, was du dir auch sehnlichst wünschst, aber du glaubst nicht, dass du das je haben kannst. Wenn du zum Beispiel seit vielen Jahren Single bist und ein küssendes Paar beobachtest, wirst du eventuell neidisch, weil etwas in dir denkt: »Das hätte ich auch so gern, aber ich werde dies wahrscheinlich nie erleben.« Deshalb ist deine Bewunderung nicht frei. Denn wenn du es nicht haben kannst, gönnst du es den anderen auch nicht. Darum fühlt sich Neid gleich doppelt ätzend an. Wir leiden an unserem Mangel und schämen uns auch noch für unsere Missgunst. In beiden Fällen, Bewunderung und Neid – und das ist für unsere weitere Untersuchung wichtig –, steht derjenige, den du bewunderst oder beneidest, in deinem Wertempfinden über dir. Auf einer Art Sockel. Aus deiner Perspektive hat er/sie etwas, was dir fehlt. Mehr Glück, mehr Liebe, mehr Geld …

Bei Inspiration sieht das anders aus. Der Begriff leitet sich vom lateinischen Verb »inspirare« ab, das »einhauchen«, »einflößen« oder »anregen« bedeutet. Dein Gegenüber entzündet etwas in dir, was du jetzt bereits voll fühlen kannst. **Während du im Fall von Bewunderung oder Neid jemand anderen auf einen Sockel hebst, findet Inspiration auf Augenhöhe statt.**

Du denkst: »Wow, danke, dass du mir zeigst, wie es geht. Nun mache ich mich selbst auf den Weg. Was du kannst, kann ich auch. Vielleicht sogar besser. Unsere Begegnung motiviert mich.«

Lass uns zunächst bei *Bewunderung* bleiben, um ein besseres Gespür für das Thema zu bekommen. Was können wir alles bewundern? Nicht nur Menschen, sondern auch Objekte oder Natur. Wir können zum Beispiel einen Sonnenaufgang bewundern, ein farbenprächtiges Gemälde oder die Grazie eines Gepards auf der Jagd. Wir bewundern Rockstars, Schauspieler, Gurus. Wir bewundern aber auch Marken von Autos, Kleidung, Schuhen. Auf all diese Menschen und Dinge projizieren wir bestimmte Qualitäten, die wir selbst im Augenblick (scheinbar) nicht haben. Doch dreimal darfst du raten, warum du überhaupt fähig bist, etwas zu bewundern? Weil das, was du im Außen siehst, mit etwas in deinem Schatten in Resonanz geht.

Wenn wir in einer Beziehung leben, bewundern wir häufig unseren Partner für spezielle Eigenschaften. »Meine Frau ist immer so liebenswert!«, »Mein Mann ist handwerklich so begabt!«, »Du bist so selbstbewusst!«, »Du bist so schön, womit habe ich das verdient?« Das ist tricky. **Denn wenn wir uns daran gewöhnen, bestimmte positive Aspekte auf den anderen zu projizieren, verpassen wir, diese Eigenschaft in uns selbst zu entwickeln.** Die große Gefahr in der Haltung der Bewunderung ist, dass wir es uns in ihr bequem machen. Wir bewundern Jesus für seine Liebe und sonnen uns in ihr, anstatt sie selbst zu entwickeln. Wir bewundern eine junge Frau wie Malala für ihren Mut, anstatt uns zu fragen, wo und wie wir die Welt verbessern könnten. Jünger*innen sitzen nicht ohne Grund oft Jahrzehnte zu Füßen ihres Gurus. Sie bewundern seine Weisheit, anstatt selbst loszugehen.

Wenn es um das Thema Bewunderung geht, müssen wir auch über Gott reden. Und zwar nicht nur über den monotheistischen Gott des Christentums oder des Islams, sondern über Götter insgesamt. Alle griechischen oder nordischen Götter besaßen besondere Eigenschaften, für die sie von den Menschen bewundert wurden. Der eine konnte saufen bis zum Umfallen, der andere Blitze werfen, sie war die Schönste, die nächste die Schlaueste … Damals hat man diese Eigenschaften aufgesplittet in verschiedene Götter und Göttinen. In den monotheistischen Religionen packen wir alles in einen Gott: Allmacht, Glorie, Weisheit, Liebe, Licht …

Falls du an Gott glaubst, habe ich eine Frage für dich: Wo ist Gott?

Ich meine das ganz konkret. Wo ist Gott jetzt gerade? Im Himmel? Im Paradies? Überall? Was fühlst du, wenn du an Gott denkst? Bitte antworte nicht sofort, sondern überlege für einen Moment. Fühlst du Gott irgendwo »oben«, auf einem Sockel, auf jeden Fall über dir?

Oder ist ER/SIE/ES in dir? Falls du jetzt denkst: »Veit, natürlich ist Gott in mir«, möchte ich dich fragen: »Wenn du das wirklich glaubst, was ist dann dein Problem mit deinen Speckröllchen? Oder mit deinen Neurosen?« Die sind ja dann auch göttlich. Oder?

Falls du konservativ-religiös erzogen worden bist, klingt das für dich eventuell nach Ketzerei: »Wie könnte ich mir anmaßen, Gott in mir zu vermuten?« Ich drehe die Frage mal um: Wenn du an Gott glaubst, wie kannst du dir anmaßen zu denken, Gott sei nicht in dir? Meinst du, er macht mit dir, ausgerechnet mit dir eine Ausnahme? Doch wenn ER/SIE/ES in dir ist, dann ist jede Macke und jeder Furz von dir göttlich. Ahnst du schon, worauf ich hinauswill? Was hast du bisher alles auf Gott projiziert?

CHALLENGE

Der Bewunderung auf der Spur

Suche dir einen Menschen aus, für den du echte Bewunderung hegst. Das kann jemand sein, der noch lebt, oder jemand, der bereits gestorben ist. Besorge dir ein Bild von diesem Menschen und häng es in deinem Zimmer an die Wand.

Wann immer dein Blick darauf fällt, sprich mit ihm/ihr: »Wofür bewundere ich dich genau?« Und wenn eine Antwort kommt, sage laut: »Diese Qualität, die ich in dir sehe, ist meine.« Spüre gut hin, was das mit dir macht.

DAS GEHEIMNIS VON BEWUNDERUNG

Wenn wir dieses große Thema Bewunderung aufklären und deine wahre Glorie zu dir zurückholen wollen, müssen wir noch ein paar weitere Dinge klarstellen.

Erstens möchte ich gern mit dir das Phänomen der verschlüsselten Bewunderung untersuchen. Was meine ich damit? Schau, wenn wir darüber reden, dass du etwas auf andere Menschen projizierst, dann ist es ganz wichtig zu verstehen, dass du ganz häufig nicht auf den ersten Blick siehst, was genau du da projizierst.

Ein Beispiel: Es gibt viele Männer, die sich ein Sixpack wünschen. Andere haben irgendwann die Hoffnung aufgegeben, schieben mittlerweile einen großen Bierbauch vor sich her und tragen aus Trotz ein T-Shirt mit der Aufschrift: »Ein Mann ohne Bauch ist kein Mann.« Aber tatsächlich ist auch das eine Schattenprojektion auf das Sixpack. Also mal angenommen, du bist ein Mann und du wünschst dir ein Sixpack. In deinem Fitnessstudio bewunderst du einen Kerl, der einen richtig muskulösen, flachen Bauch hat. Mache ich auch manchmal. Jetzt ist es wichtig zu verstehen, dass es dir sehr wahrscheinlich nicht primär um das Sixpack geht, denn du bist ein sehr intelligentes Wesen mit Tiefgang. Es handelt sich um eine verschlüsselte Bewunderung. Das heißt, hinter ihr steckt etwas anderes. Du assoziierst etwas mit dem Sixpack, stimmt's? Zum Beispiel Stärke, sexuelle Attraktivität, Begehrtwerden von Frauen.

Warum ist diese Unterscheidung so bedeutsam? Weil du dich verarscht, wenn du auf die erste Antwort hereinfällst. Die transformierende Kraft deiner Bewunderung wirkt viel stärker, wenn du dich auf den eigentlichen Jackpot konzentrierst. Angenommen, du bist ein netter Kerl, leider ohne Manieren und ein bisschen doof, und du fixierst dich auf die Idee: »Wenn ich erst mal ein Sixpack habe, dann habe ich das Leben im Griff und die Frauen laufen mir in Scharen hinterher.« Dann investierst du Hunderte, ja Tausende Stunden deiner kostbaren Lebenszeit in ein Sixpack. Dann hast du es und musst feststellen: Irgendwie geht die Rechnung nicht auf! Dein Leben rockt immer noch nicht und die Frauen wenden sich nach dem ersten Gespräch gelangweilt ab! Und dann siehst du plötzlich so einen kleinen, korpulenten, hochintelligenten, selbstbewussten Typen zur Tür reinspazieren, erfolgreich, sexy, beliebt, … und du realisierst: »Fuck, vielleicht ging es doch nie um den Bauch?«

Das heißt, wenn du etwas oder jemanden bewunderst, untersuche genau, womit du das, ihn oder sie wirklich assoziierst. Wenn du als Mann älter wirst und dich dabei ertappst, jüngeren Frauen bewundernd hinterherzuschauen, machst du dich lächerlich, wenn du versuchst, noch mal zwanzig zu sein. In Wahrheit assoziierst du mit der Jugend einen bestimmten Spirit der Leichtigkeit. Frage dich lieber: Wie kann ich meinen Geist mit sechzig leicht, jung, frisch halten?

Schönheit. Das ist auch ein unglaublich spannendes Thema der Bewunderung. Schau, wir alle suchen nach Schönheit. Das lässt sich nicht vermeiden. Weißt du, warum? Weil unsere Seele aus purem Licht besteht und dieses Licht die Essenz jeder Schönheit ist. Deshalb suchen wir nach Schönheit (Lebenslicht) in einer Blume, einem Tier, in Kunst und menschlichen Gesten. Wir suchen nach Schönheit, weil wir alle pure Schönheit sind. Doch wenn wir in unserer Kindheit nicht wirklich gesehen wurden, wandert unsere Schönheit in den Schatten. Wir suchen irritiert nach ihr und lassen uns von gesellschaftlichen Trends, Modejournalen, sozialen Medien verzerrte Ideen von Schönheit vorsetzen und messen uns an denen. Eine echte Bewusstseinskatastrophe. Milliarden hochintelligenter, einzigartig schöner Wesen verschwenden ihre Lebenszeit, Energie und sehr viel Geld damit, sich einem absurden, gleichmacherischen Image anzupassen. Ich hoffe, du kriegst den Punkt, denn er ist echt zentral für das, was jetzt kommt.

Warum fahren wir zum Beispiel auf bestimmte Modemarken ab und bezahlen zum Teil doppelt so viel wie für die Klamotten anderer Hersteller? Weil es der Marketingindustrie gelungen ist, eine natürliche Qualität von dir – Schönheit, Freude, Tatendrang – auf eine Schuhmarke wie Nike zu projizieren. Wie funktioniert das? Ganz simpel: Ich bringe immer wieder Bilder und Videos von Menschen, die gerade diese Qualität leben und dabei »zufällig« diese Schuhe tragen. Also entsteht in dir die Idee: »Wenn ich diese Schuhe anhabe, bin ich das auch.« Das ist der Marketingtrick. Einfach, aber er funktioniert.

Das heißt, wann immer du etwas oder jemanden bewunderst, ist es wichtig, dass du dir klarmachst: Es geht nicht primär darum, dass du diese eine Sache bekommst oder genauso bist wie die andere Person. Eh du blind irgendeiner Möhre hinterherrennst, finde heraus, was genau sie für dich bedeutet. Konzentriere dich darauf!

DIE PROJEKTIONS- UND INTROJEKTIONSFALLE

Bewunderung hat sehr viel mit Projektion zu tun. Projektion bedeutet: Ich übertrage etwas auf dich, was ich eigentlich in mir habe.

Die meisten von uns haben eine Sehnsucht nach Reinheit und Erleuchtung. Warum? Weil wir rein und erleuchtet sind. Kriegst du den Witz? Es ist in dir, doch du läufst mit deiner Projektionstaschenlampe herum und suchst jemanden, der dir als Leinwand dienen kann. Dann kommt einer vorbei, in weißen Gewändern, mit einem lässigen Grinsen, und prompt denkt dein Unterbewusstsein: »Na endlich. Der ist die perfekte Projektionsfläche. Ich habe endlich einen reinen, erleuchteten Menschen gefunden.«

Versteh mich nicht falsch. Vielleicht ist dieser Mensch sogar erleuchtet. Doch wenn er ein wahrer Guru ist, wird er nie gestatten, dass du ihn zum Gegenstand deiner Bewunderung machst. Denn sonst beginnt die sogenannte Projektions- und Introjektionsfalle. Sie funktioniert nach folgendem Muster: Du projizierst deine Sehnsucht nach Reinheit und Erleuchtung auf den »Guru«. Der »Guru« *introjiziert* sie. Introjektion ist das Gegenteil der Projektion: Er nimmt das, was du projizierst, in sich auf. Er spürt deine Erwartungshaltung und geht – das ist ja sein Brötchenerwerb – immer mehr in die Rolle des Reinen und Erleuchteten. Deine Erwartung beeinflusst sein Handeln. Stell dir vor, vor dir sitzen tausend Menschen mit verklärten Augen, die alle nur das Allerbeste in dir sehen. Entweder du bist sehr stark. Dann furzt du laut, um die Illusion zu entzaubern, und rennst dann davon. Oder du rutscht in die Falle der Introjektion und glaubst ihnen.

Wir bewundern

im anderen

unsere eigene Größe.

Doch damit bekommt unser »Guru« ein fettes Schattenproblem. Denn was macht er denn nun, wenn er menschliche Regungen hat – zum Beispiel Lust auf Sex, Geldgier, Machtgelüste, schlechte Laune, Schweißgeruch und so weiter? Er unterdrückt diese Dinge in sich komplett und erzeugt so eine Atmosphäre der Scheinheiligkeit und projiziert seinen unerlösten Schatten auf seine Schüler. Nun wird auch klar, warum die lustunterdrückten Popen in den letzten zwei Jahrtausenden so obsessiv damit beschäftigt waren, dem Rest der Menschheit ein schlechtes Gewissen für ihren Spaß am Leben zu machen.

Klassische Guru- und Schülerbeziehungen bedeuten: Einer hat's, die anderen haben's nicht. Bam! So entstehen ungesunde Abhängigkeiten. Deswegen sagte schon Buddha: »Wenn du mich auf deinem Weg triffst, töte mich!« Damit meinte er: »Lerne von mir, lass dich von mir inspirieren; aber stell mich in dir nicht auf einen Sockel. Du musst mein Image in dir töten, damit du frei bist, deinen eigenen Weg zu gehen.«

Das mit dem Töten ist natürlich metaphorisch gemeint, betrifft aber eine entscheidende Phase in deiner psychospirituellen Entwicklung. Ab einem gewissen Punkt musst du dich von deinen Idolen lösen und deinen eigenen Weg gehen.

Wo stellst du Menschen auf einen Sockel?

Wo verhindert übermäßige Bewunderung deine Weiterentwicklung?

Ein weiteres Beispiel für eine Projektions- und Introjektionsfalle sind co-abhängige Beziehungen: »Ich übertrage etwas auf dich, du lebst es und dadurch bin ich abhängig von dir. Ich brauche diese Qualitäten in meinem Leben, muss sie aber nicht selbst ausleben.«

Welche Qualitäten bewunderst du an deinem Partner, deiner Partnerin, die du in dir selbst stärker entwickeln solltest?

CHALLENGE

Der Schatten deiner Größe

Auch wenn die folgenden Fragen erst einmal seltsam klingen, geh ihnen achtsam nach:

Welche Vorteile könnte es für dich haben, klein zu bleiben?

Welche Vorteile könnte es für dich haben, bestimmte positive Eigenschaften in anderen und nicht in dir selbst zu sehen?

Mal angenommen, du würdest die positiven Eigenschaften, die du auf einen anderen Menschen projiziert hast, in dir finden und selbst leben – welche Nachteile könnte das für dich haben?

Was macht dir an Größe Angst?

Wie lange willst du dich noch hinter deinen Vorbildern verstecken?

WARUM HABEN WIR ANGST VOR GRÖSSE?

Jetzt kommen wir zu der spannenden Frage: Warum fürchten wir uns überhaupt vor Größe? Jeder von uns will doch geil, cool, groß sein; warum sollten wir das überhaupt auf jemand anderen projizieren? Da unser Unterbewusstsein nichts aus purer Langeweile in den Schatten verdammt, muss Größe also Nachteile haben. Und die würde ich jetzt gern mit dir erforschen.

SICHTBARKEIT

Wenn du dich traust, groß zu sein, wirst du sichtbarer. Sichtbarer zu werden heißt auch, angreifbarer zu werden. Solange du als kleines Schaf in der großen Herde mitläufst, beachten dich die anderen nicht weiter. Doch wenn du aufhörst, hilflos oder abhängig zu tun, und dich zu deiner vollen Größe aufrichtest, wirst du sichtbar. Die, die zu ihrer wahren Größe stehen, werden dich bejubeln. Doch alle Kleingeister haben nun ein Problem mit dir. Denn du erinnerst sie an ihren eigenen ungelebten Schatten. Sie haben nur drei Möglichkeiten:

1. Sie machen dein Image in ihnen klein, indem sie dich schlechtreden.
2. Sie stellen dich mit den anderen Idolen auf einen Sockel und lassen dich da verstauben.
3. Sie lassen sich von dir inspirieren und erheben sich auch.

Das Einzige, was wir uns zu vergeben haben, ist, dass wir uns kleingemacht haben.

Wenn du dich wieder aufrichtest, wird das wahrscheinlich auch alte Wunden in dir berühren. Denn warum haben wir denn unser Licht überhaupt gedimmt? Weil wir als Kinder überleben wollten. Wir wollten dazugehören, also haben wir das Licht unseres Genius in Momenten des Liebesentzugs und der Scham heruntergeschraubt, bis wir nicht mehr auffielen. Wenn du dich jetzt wieder zu deiner eigentlichen Größe aufrichtest, kommen diese alten Verletzungen wieder hoch.

Ich habe in meinen Coachings viele Frauen bei ihrem Wiedersichtbarwerden begleiten dürfen. Es ist krass, wie viele von ihnen auf diesem Weg nicht nur angegriffen wurden, sondern sich plötzlich selbst mit einer schier existenziellen Angst blockierten. Manche von ihnen hatten Albträume, in denen sie zum Beispiel auf einem Scheiterhaufen verbrannt wurden. Erinnerst du dich? Wir haben zu Beginn über kollektive Schatten gesprochen. Im Mittelalter gab es Zeiten, in denen Frauen, die sichtbar und powervoll waren, systematisch verbrannt wurden. Kann es sein, dass das noch ganz tief in uns drinsteckt? Kann es sein, dass 10 000 Jahre Patriarchat in Frauen die Angst verwurzelten: »Ich darf nicht in meine volle Power kommen, denn dann wird es für mich in einer männerdominierten Welt gefährlich.«

Was auch immer uns dazu gebracht hat, uns zu krümmen und zu verstecken, es wird sich noch einmal melden, wenn wir uns wieder befreien und aufrichten.

VERANTWORTUNG

Der zweite Nachteil an Größe ist Verantwortung. Wir haben diesen Punkt schon weiter oben gestreift. Schau, solange du ein kleines Mäuschen bist und die großen Löwen bewunderst, brauchst du nichts zu tun. Mäuschen haben keine Macht, von Mäuschen erwartet man so gut wie nichts. Wenn du jedoch erkennst, dass du selbst ein Löwe, eine Löwin bist, kannst du dich nicht länger wegducken. Du hast Power. Du hast Verantwortung. Plötzlich musst du unbequeme Entscheidungen treffen. Du stehst plötzlich auf dem Spielfeld und sitzt nicht mehr auf den Zuschauerrängen. Andere schauen erwartungsvoll auf dich und wollen wissen, welches Spiel du spielen willst.

SCHEU VOR DEM LICHT

Ich habe in meiner Schattenforschung eine dritte Angst entdeckt, die vielleicht erst etwas seltsam klingt: Wenn du dich wieder für deine wahre Größe öffnest, wirst du einem so strahlenden Licht begegnen, dass du dir vor Angst in die Hose scheißt. Warum?

Weil das Eintauchen in dieses Licht die zumindest temporäre komplette Auslöschung deines Egos bedeutet. Es hat keinen Zugang zur Quelle dieses Lichtes.

Wir haben schon einige Male den Mythos der Bibel herangezogen, um unsere kollektiven Schattenprojektionen zu untersuchen. Warum musste Jesus sterben? Weil die Menschen damals nicht ausge-

Wahre Größe

bedeutet

Verantwortung.

halten haben, was er ihnen über sie selbst zeigte. Jesus war kein Guru, der sich bequem verehren ließ. Er brachte den Menschen im Grunde genommen eine einzige einfache Botschaft: »Das Königreich ist in dir!« Nicht in den Tempeln. Nicht in den Schriften. Nicht bei den Priestern. In dir!

Das einzige Problem an diesem inneren Königreich ist, dass es den Tod unseres Egos, unseres Rechthabens, unserer gesamten Geschichte fordert. Wenn du dafür noch nicht bereit bist, erdenkst du Dramen darüber, wie schwierig es ist, den Weg nach Hause zu finden. Du gründest Kirchen, die dir die Erde als ein Jammertal verkaufen, das du zu passieren hast, um irgendwann – nur nicht jetzt! – den Frieden in einem imaginären Paradies – nur nicht hier! – zu finden. Mit anderen Worten, du schiebst alles, wonach du dich sehnst, in deinen individuellen und kollektiven Schatten und projizierst es dann auf Gott, den Heiligen Geist und das Paradies. Das machst du nicht allein, sondern mit vielen Millionen anderen Menschen. Ihr grabt euch tief in eine Gruppentrance des kleinen, sündhaften Menschen ein. Dann kommt auf einmal so ein Typ daher – nicht einmal ein Guru oder Priester, nur ein Zimmermann –, auf eine irritierende Weise präsent und strahlend, er schaut dich an, deutet auf dein Herz und sagt: »Bewundere nicht mich! Das Königreich ist in dir!«

Ja, Jesus war ein Lichtbringer, doch vor allem war er ein Schattenarbeiter. Er konfrontierte den Menschen seiner Zeit mit dem mächtigsten Schatten überhaupt: Liebe.

Wir waren damals noch nicht bereit dafür. Noch nicht bereit für eine radikale Heimkehr. Nicht bereit für unsere wahre Größe. Also haben wir den Überbringer dieses riesigen Schattens lieber ans Kreuz genagelt. Eine so paradox brutale und schmerzhafte Tat und zugleich ein genialer Schachzug. Denn das ermöglichte den Menschen, Jesus zu behalten, seine Botschaft nicht ganz zu vergessen, aber eben auch nicht persönlich nehmen zu müssen. Seitdem wurde er von Milliarden von Menschen aus sicherer Entfernung bewundert, anstatt ihn endlich vom Kreuz zu holen und ihm in die Erkundung dieses inneren Königreiches zu folgen. Mir ist es egal, ob dieser Mensch je wirklich gelebt hat. Doch der Mythos – tief eingegraben ins kollektive Bewusstsein so vieler Menschen – ergibt aus der Perspektive von Schattenarbeit so viel Sinn. Solange er an seinem Kreuz hängt und, Zitat Kirche: »für unsere Schuld und Sünden gestorben ist«, ist die Geschichte in einer gewaltigen Projektion verkeilt. Auch wenn du nicht religiös bist und nicht an Gott glaubst, kannst du diese Mythen für deine Schattenarbeit nutzen.

Wo gehst du deiner wahren Größe aus dem Weg?

Wo erzählst du dir, dass es noch nicht so weit ist?

Wo zahlst du bewusst oder unbewusst eine Schuld ab, die scheinbar verhindert, dass du die volle Flügelspanne deines Wesens ausbreitest?

Erinnert das alles nicht an einen anderen Leidensgenossen, über den wir bereits gesprochen haben? Luzifer brachte das Licht und verlor sich dann in der Dunkelheit. Warum hatte der Lieblingsengel Gottes so ein Problem damit, einfach um die Heimkehr zu bitten? Er hätte doch sagen können: »Vater, ich möchte zurück. Bitte vergib mir.« Gott hätte Luzifer mit offenen Armen empfangen. Luzifer hätte sich nur umzudrehen brauchen. Aber er tat es nicht. Warum?

DAS EGO UND DAS WAHRE ICH

Warum hatte Luzifer solche scheinbar unüberwindbaren Schwierigkeiten, sich wieder dem Licht zuzuwenden? Warum scheint es uns manchmal unmöglich, uns dem Glück, dem Licht zuzuwenden? Warum schieben wir die Begegnung mit einer wunderbaren Wahrheit, die in uns auf uns wartet, so oft hinaus?

Wir ahnen, dass das, wonach wir uns unser Leben lang sehnen, näher als nah ist, doch dafür muss unser kleines Ich sterben.

Die Erfahrungsberichte der alten und neuen Mystiker*innen lassen sich im Grunde so zusammenfassen: »Du brauchst keinen Weg zu gehen, keine besonderen Umstände. DAS, was du suchst, ist näher als nah. Schließe deine Augen. Vergiss deine Geschichte. Lass deinen Verstand still werden und sinke nach innen. In dein ICH BIN. Werde eins mit der Quelle aller Freude und Manifestation.«

Wenn sich diese Pionier*innen des menschlichen Bewusstseins nicht irrten, sondern letztendlich alle in diesem inneren Reich unvorstellbarer Glorie wiederfanden, was hindert uns daran, es ihnen nachzutun?

Unser Ego. Unser Ego ist keine reale Instanz. Es ist die Geschichte unserer persönlichen Identität, die wir rund um einen Ich-Gedanken aufgebaut haben. An der Geschichte ist nichts verkehrt. Sie ist unser Start- und Landepunkt für die Abenteuererkundungen in die Weiten des Bewusstseins. Doch wenn du beginnst (und das tun die meisten) zu

Wo gehst du

deiner wahren Größe

aus dem Weg?

glauben, dass diese kleine, stark begrenzte Geschichte die ganze Wahrheit über dich erzählt, dann wird sie zu deinem Gefängnis. Das du mit deinem Rechthaben verbittert verteidigst, selbst wenn du an seiner Enge leidest. Unser Ego ist der Verteidiger der Geschichte. Da es weiß, dass du die Mauern dieser Story fallen lassen musst, um den Sonnenstrahlen deiner wahren Identität zu begegnen, kämpft es gegen das Licht an.

Um eines klarzustellen: Ich schreibe hier nicht von der aufgeblasenen Pseudogröße eines narzisstischen Egos. **Hier geht es um deine wahre Größe, die sich offenbart, wenn die Geschichte wegfällt.** Auch wenn du dich nicht für einen Spiri hältst, hast du ganz sicher schon Augenblicke erfahren, in denen dich DAS berührt hat. Vielleicht beim Betrachten eines Sonnenuntergangs, beim Hören einer Kantate von Bach oder im hingegebenen Liebesspiel. Wir denken dann, »es passiert uns«. Nein, du *bist* in solchen Momenten frei von Geschichte und deshalb offen für Erfahrungsqualitäten deiner wahren Essenz. Dann erfahren wir eine Größe, die unser Ego nicht aufbläst, sondern uns still und demütig macht. Dein Ego hat keinen Zutritt zu diesem Erfahrungsraum, also erfindet es Tricks, um dich davon abzuhalten. Viele kleine Dramen, die Reibung erzeugen und deine Erfahrung von Trennung und Mangel bestärken.

Ich habe mich jetzt auf die spirituellen Aspekte deines wahren Selbst konzentriert. Doch auch wenn du eher Vorbilder für weltliche Heldentaten bewunderst, siehst du eine Größe in ihnen, die in Wahrheit deine ist. Auch für diese Größe muss dein Ego sterben, das dir die ganze Zeit erzählt, dass du zu klein bist. Für dein Ego sind Selbstzweifel und das daraus resultierende Leid leichter zu ertragen als das Licht, das du wirklich bist.

LEUCHTENDE INSPIRATION

Die Größe, von der wir hier sprechen, ist unpersönlich. Die alten Mystiker in Indien nannten es Atman, die Christen den Seelenfunken. Diese Dimension kann sich als Stille, Weite, Leere, Potenz, Schönheit oder ungeheuer strahlendes Licht offenbaren. Sobald du bereit bist, diese Eigenschaften auch in dir zu finden, verwandelt sich Bewunderung in Inspiration. Du stehst ergriffen in einer sonnendurchfluteten Kathedrale und du weißt, dass die heilige Schönheit, die du gerade im Außen wahrnimmst, etwas in dir spiegelt. Die vollkommene Harmonie eines Balletts, die Unschuld eines Kindes, eine liebevolle oder mutige Handlung eines anderen Menschen, die unermessliche Weite des Sternenhimmels – all dies kannst du nur wahrnehmen, weil es auch in dir ist. Du entdeckst in dir, was du im Außen bewunderst. Du fragst dich: »Was genau bewundere ich an diesem Menschen, dieser Natur, diesem Ereignis? Wo und wie kann ich dies in mir wiederfinden?«

Also, wen bewunderst du? Für was?

Bist du bereit, diese Qualität in dir zu entdecken und zu leben?

Unser Heimatplanet hat genug unter Menschen gelitten, die sich kleingemacht und deshalb künstlich aufgeblasen haben. Es ist Zeit, dass wir uns alle an das Wahre, Gute und Schöne in uns erinnern. Natürlich wirst du all die Qualitäten, die du in der Welt bewunderst, auf deine einzigartige Weise ausdrücken.

Wenn ich in einer Kirche sitze, werde ich ja nicht zu einer Kirche. Doch ich lasse diesen heiligen Schutzraum der Stille mit der sakralen Stille in mir in Resonanz gehen. Ich versuche nicht, einen Maler zu kopieren, doch vielleicht erinnert mich die Farbenpracht seines Gemäldes an die visionäre Kraft meines Geistes.

Es ist für deine Reifung und Ganzwerdung essenziell, dass du alle Vorbilder vom Sockel holst.

Wenn du bereit bist, deine wahre Größe anzunehmen, öffnest du dich für die helle Seite der Schattenarbeit.

Bring ihnen ruhig gesunden Respekt für ihre Lebensleistung entgegen, doch begegne ihnen auf Augenhöhe. »Ich kann offen zugeben, dass du im Augenblick in dieser Sache weiter bist als ich. Du lebst das jetzt gerade mehr als ich. Aber ich bleibe nicht in der Bewunderung hängen, sondern ich lasse mich von dem, was ich in dir sehe, anregen, um das auch in mir, mit meinem einzigartigen Ausdruck freizusetzen.«

Luzifer, der verstoßene Teil in uns, erhebt sein Haupt und wendet sich wieder dem Licht zu. Und wir erkennen: Das Einzige, was wir uns wirklich zu vergeben haben, ist, dass wir uns selbst kleingemacht haben.

Part 7
Der Tanz mit deinem Dämon

Jetzt wird's heiß! Denn du bringst, nunmehr ein Profi der Schattenarbeit, den Frieden zu deinem ganz persönlichen Drachen – deinem *Dämon*. Vielleicht liegt es an meiner Arbeit, in der mir Menschen sehr ehrlich begegnen. Ich kenne jedenfalls niemanden, der keinen persönlichen Dämon hat. Vielleicht erscheint dir der Begriff zu krass. Vielleicht weißt du sofort, was gemeint ist. Unsere inneren Dämonen treten in unterschiedlichster Gestalt und Dynamik auf. Manchmal sind sie leise, dunkel und schwer, wie der Dämon der Depression. Manchmal kommen sie giftig und gemein daher, wie der Dämon des Neids oder der Verachtung. Manchmal wüten sie wie ein Vulkan. Manche Menschen werden fast täglich von ihren Dämonen heimgesucht, andere nur in sehr speziellen Situationen. Weißt du, wovon ich spreche? Von deiner emotionalen Achillesferse oder, wie es Ron Smothermon ausdrückt: Von dem/der Irren in dir. In einer Metapher: Stell dir vor, in deinem psychischen

Schatten gibt es eine Gummizelle. Darin eingesperrt ist dein wundester, verrücktester, traurigster oder wütendster Teil. Er ist unerlöst und passt irgendwie gar nicht in diese Welt. Solange die Tür verschlossen ist, wirkst du wie ein ganz normaler, souveräner Erwachsener. Doch dann gibt es jene Momente … Wenn etwas kolossal schiefläuft, wenn du eifersüchtig bist, wenn du auf einer öffentlichen Bühne stehst, wenn es im Herbst dunkel und grau wird … Zeiten, in denen der Dämon ausbricht und dich in die Knie zwingt. Plötzlich scheint dir alle Kraft zu fehlen oder du rastest komplett aus. Tobende Wut, glühender Schmerz, knochenklirrende Angst, dunkelste Traurigkeit, abgrundtiefe Ohnmacht …

Der normale Mensch tut alles, um der Begegnung mit seinem Dämon aus dem Weg zu gehen. Er lenkt sich ab, lügt sich etwas vor oder rennt weg. Doch all diese Abwehrstrategien nähren den Dämon und verleihen ihm immer mehr Macht. Ich werde dich in diesem Kapitel zu etwas Verrücktem einladen:

Bist du schon mal im Traum vor einem furchterregenden Monster weggerannt und dabei nicht von der Stelle gekommen? Und ist es dir vielleicht schon einmal gelungen, dich im Traum umzudrehen? Dann weißt du, was passiert. Das Monster fällt in sich zusammen. Genau das machen wir jetzt. **Bleib stehen. Dreh dich um. Schau dir deinen Dämon an und lerne, mit ihm zu tanzen.**

Zuvor ist mir eine Erinnerung wichtig. Zum einen hast du mittlerweile wahrscheinlich gemerkt, dass das Thema psychoaktiv ist. Im Schattenwerk geht es um Energien, die ganz real in deinem Bewusstsein existieren. Wenn du dich mit ihnen beschäftigst, werden sie aktiv und melden sich. Was wir ja letztendlich wollen, was aber natürlich auch mit gewissen Nebeneffekten verbunden sein kann. Du musst nicht krampfhaft nach einem Drama suchen. Doch sei bereit für tiefe Emotionen und heftige Erkenntnisse.

Die meisten Dämonen ziehen ihre Kraft aus unseren Emotionen.

Deswegen erinnere ich dich noch einmal an deine Selbstverantwortung. Ich adressiere meine Arbeit an normalneurotische Menschen, die lernen möchten, ihre Psyche selbst zu erforschen und zu betreuen. Du bist verantwortlich dafür, wie sehr du dich auf dieses Kapitel und somit auf deine Dämonen einlässt. Ob du laut nach ihnen rufst oder ob du die Sache erst mal behutsam angehen lässt.

Bisher haben wir uns hauptsächlich mit jenen Projektionen beschäftigt, die wir nach außen richten: etwa unsere Schwäche und unsere negativen Seiten, aber auch unsere Größe und unsere Kraft. Lass uns nun anschauen, was du nach innen projizierst. Dafür möchte ich dein Bewusstsein mithilfe einer Metapher erklären.

IM BEWUSSTSEINSRAUM

Bis heute gibt es keine allgemeingültige Antwort auf die Frage, was Bewusstsein ist. Weder die Philosophie noch die Biologie noch die modernen Neurowissenschaften liefern dafür eine schlüssige, klar umrissene Definition. Wir sind uns im Klaren darüber, dass wir bewusst sind und dass wir auf irgendeine Weise bewusster sind als Steine, Pflanzen oder Tiere. Wir verfügen über kognitive Fähigkeiten, die Regenwürmer beispielsweise nicht haben. Auch als Menschen können wir mehr oder weniger bewusst sein. Aber was genau ist Bewusstsein? Und wo fängt dein Bewusstsein an und wo hört es auf? Ich möchte dir dafür gern das Bild eines *Bewusstseinsraumes* anbieten. Bitte verstehe das nicht wörtlich, nach dem Motto: »Okay, wenn ich meine Augen schließe, ist dieser Bewusstseinsraum irgendwo in meinem Körper.« Es ist eher so, dass dein Körper in deinem Bewusstseinsraum existiert. Dein Bewusstsein trennt nicht zwischen *innen* und *außen*. Alles, was du im Außen und Innen wahrnehmen kannst, ist in deinem für dich verfügbaren Bewusstseinsraum. Die Dinge um dich herum mögen so aussehen, als würden sie außerhalb von dir geschehen, aber tatsächlich sind sie eine Projektion in dir. Wenn du jetzt zum Beispiel deine Augen schließt – und ich lade dich ein, das wirklich mal zu machen –, dann wirst du eine mehr oder weniger scharfe Abbildung von diesem Buch in dir vorfinden können. Das heißt, du kannst mit geschlossenen Augen über dieses Buch nachdenken und es in dir entstehen lassen. Und je nachdem, was du gerade darauf projizierst, wird das angenehme, unangenehme oder gar keine Gefühle wecken.

Das Spannende ist: Wenn du die Augen öffnest, denkst du, du siehst das Buch. Aber du siehst immer noch eine interne Version, die dein Bewusstsein vom Buch in dir kreiert hat. Denn du kannst überhaupt nicht das Buch »an sich« sehen, sondern immer nur die durch deinen Geist gefilterte Version vom Buch.

Du und die von dir wahrgenommenen Formen existieren die ganze Zeit im Raum deines Bewusstseins. Dieser hat keine Grenze. Du kannst ihn immer weiter ausdehnen. Du kannst dich jetzt zum Beispiel dort, wo du bist, genauer umschauen und immer mehr Details in deinem Bewusstseinsraum erscheinen lassen. Du kannst jetzt hier sein, aber auch in die Vergangenheit und in die Zukunft reisen. Du kannst, wenn du willst, über London nachdenken – vielleicht warst du mal in London – und dann ist ein Teil von dir tatsächlich dort. Aber der ist natürlich nicht physisch in London, sondern du erschaffst London in diesem Augenblick in dir. Du kannst die Augen schließen und über ein Problem nachdenken, das eben gerade noch nicht da war. Du erschaffst es in deinem Bewusstseinsraum und du kannst es auch wieder daraus verschwinden lassen. Ist das nicht abgefahren?

Für mich persönlich ist das eines der faszinierendsten Phänomene an uns Menschen. Wir investieren so viel Zeit in Disziplinen wie Geografie, Chemie, Mathematik und so weiter. Aber in meiner gesamten Schulzeit hat mich niemand eingeladen, meinen Bewusstseinsraum zu entdecken und bewusst zu dehnen. Dabei ist er doch die Welt, in der wir tatsächlich leben.

KRISTALLISIERTE ENERGIE

Der Bewusstseinsraum ist manchmal dunkel, manchmal hell, aber er ist nie vollkommen schwarz. Irgendetwas gibt es immer darin. Es gibt immer eine Form von Licht. Selbst wenn du jetzt die Augen schließt und in diesen weiten Raum hineinschaust, wirst du bemerken, dass da nicht nichts ist. Da ist so viel Energie und aus dieser Energie heraus entstehen Formen. Lichtblitze, Bilder, Symbole, Worte ... Wenn ich dich darum bitte, vor deinem inneren Auge einen Apfel erscheinen zu lassen, dann bist du fähig, aus der Energie deines Bewusstseinsraums einen Apfel zu formen. Wenn du diesen Apfel lange genug in deinem Geist aufrechterhältst, bist du sogar in der Lage, ihn zu spüren – obwohl er nicht da ist. Das ist krass, zieh dir das mal rein! Es ist kein Apfel da, aber du kannst fühlen, wie du ihn in der Hand hältst.

Wir können jede erdenkliche Form in unserem Bewusstsein erschaffen. Eine der spannendsten Formen sind Wörter. Viele Menschen denken, ein Wort sei einfach ein Wort. Nein. Jedes einzelne Wort, das du denkst, ist Energie, die sich aus dem formlosen Bewusstseinsraum heraus in eine Bedeutung hinein kristallisiert hat. Wenn du zum Beispiel das Wort »böse« denkst, entsteht in dem weiten Bewusstseinsraum das Symbol von vier Buchstaben – B Ö S E – und diese werden mit Energie aufgeladen. Das heißt, du projizierst den Anteil in dir, der böse ist, auf dieses Wort. Das ist schöpferische Power!

UNERLÖSTE THEMEN

Dein Bewusstseinsraum ist unermesslich groß und wenn du einen richtig guten, freudigen, lichtvollen Tag hast, fühlt er sich ganz weit, hell und frei an. Aber das ist nicht immer so. In unserem Bewusstseinsraum gibt es auch viele Dinge, mit denen wir nicht im Reinen sind. Unerlöste Themen, die unsere Energie auf eine unangenehme Art binden. Diese Themen sind verdichtete Energiekomplexe, die manchmal aus unserem Bewusstsein verschwinden (dann ruhen sie im Schatten) und dann wieder in unserem Blickwinkel auftauchen, wenn sie getriggert werden. Sie kommen und gehen. Es gibt Zeiten, in denen du denkst: »Ha! Ich habe es geschafft; ich habe es wegtherapiert; ich habe es transformiert.« Dann geschieht irgendetwas und die Sache ploppt wieder hoch. Meist sind diese unerlösten Themen mit einer starken emotionalen Ladung verbunden, mit Schmerz, Wut oder Ohnmacht.

In meinem Bewusstseinsraum ist zum Beispiel *Enttäuschung* durch mir nahestehende Menschen ein noch unerlöstes Thema. Wenn sie durch ein Ereignis getriggert wird, fühle ich als erste Reaktion eine Welle von Zorn. Doch unter diesem Zorn verbirgt sich die wahre Wunde – Ohnmacht. Unerlöste Energiekomplexe bestehen meistens nicht nur aus einem Gefühl, sondern in der Regel handelt es sich um einen Mix aus verschiedenen Gefühlen.

Verbunden mit diesen Themen sind oftmals begrenzende Glaubenssätze und bestimmte Verhaltensreaktionen, die bei nüchterner Betrachtung keinen Sinn ergeben, wie zum Beispiel Zwänge, Wegrennen, Wutattacken, Süchte aller Art. Unsere Gesellschaft bietet uns eine Menge Ablenkungsmöglichkeiten und ermutigt uns eher, unseren inneren Dämonen auszuweichen, als sie zu konfrontieren. Das mag kurzfristig bequemer sein, langfristig schwächt dies unsere Selbstachtung, denn bewusst oder unbewusst wissen wir, dass wir den Drachen in uns noch nicht gemeistert haben.

CHALLENGE

Erforsche deine Dämonen

Sinne einmal aufmerksam über dein Leben nach.

In welchen Situationen fühlst du dich besonders angreifbar und/oder reagierst unverhältnismäßig stark? Welcher Dämon klopft da an deine Tür? Einsamkeit, Depression, Schmerz, Angst, Ohnmacht, Zorn, Sorge … Was ist es bei dir? Vielleicht ist es immer wieder ein und derselbe Dämon. Vielleicht sind es mehrere. Benenne sie alle mit einem Wort, das sie für dich am besten beschreibt. Beschreibe für jeden dieser Dämonen eine typische Triggersituation. Reflektiere ehrlich deine bisherige Beziehung zu diesen Dämonen. Zum Beispiel: »Ich hasse sie. Ich schäme mich für sie. Ich will, dass sie weggehen. Ich renne vor ihnen weg. Ich trinke Alkohol, um sie nicht zu spüren.«

Wie hast du bis jetzt reagiert, wenn sie kamen? Was hast du in diesen Momenten gedacht? Was hast du gefühlt? Was hast du getan? Welche tieferliegende Emotion ist die Nahrung für diesen Dämon?

TRENNEN, DÄMONISIEREN, WEGMACHEN

Wie entstehen eigentlich unsere Dämonen? Schauen wir uns das näher an. *Die* zentrale Botschaft der Schattenarbeit lautet: Alles passiert in dir. In dem weiten Raum deines Bewusstseins. Wenn wir in diesem Raum ein unangenehmes Thema erfahren, spalten wir es meistens von uns ab. »Hier bin ich und mir gegenüber ist das Thema.« Erinnere dich zum Beispiel an deinen letzten richtig schmerzhaften Liebeskummer: Da warst du und da war dein Schmerz. Du hast ihn bekämpft. Du wolltest ihn weghaben. Oder denke an deine schlimmste Angst: Hier bist du und dort ist die Angst. Kannst du mir folgen? Wir erzeugen in unserem Bewusstsein eine Trennung zwischen uns und dem Problem. Es ist uns unangenehm. Wir betrachten es als Fremdkörper. Wir wollen es weghaben.

Wenn das Thema besonders schmerzhaft oder bedrohlich für uns ist, beginnen wir, es zu *dämonisieren*. Wir behandeln es wie einen hochgradig gefährlichen, fiesen Gegner. Er will uns Böses. Er ist ein Fehler in der Matrix. Er soll verschwinden. Fühl mal in eine dieser Situationen, die du nicht fühlen willst, rein. Der innere Dämon ist nichts Neutrales, sondern du betrachtest ihn als deinen Feind. Du hast versucht, ihn wegzutherapieren, vielleicht wegzuarbeiten oder totzusaufen. Du wolltest ihn schon mit Meditation und Erleuchtung vertreiben. Du hast gehofft, dass er sich in der nächsten, perfekten Liebesbeziehung nicht mehr meldet. Aber das Monster kommt immer wieder. Du verrammelst die Tür. Es steigt durchs Fenster wieder rein. Dein Dämon hält sich nicht an Wunschtageszeiten. Er ist dann da, wenn du ihn garantiert am wenigsten gebrauchen kannst. Hier ein Beispiel von mir. Die meisten Menschen kennen mich mit einer großen Klappe und in meiner Arbeit sehr interaktiv. Ich verrate dir etwas: Ich bin eigentlich zart, introvertiert und schüchtern. In meinem Schmerzkörper existiert eine uralte Beziehungswunde. Tausendmal therapiert, darüber meditiert, vergeben, losgelassen. Sie ist immer noch da.

**Alles,
was wir bekämpfen,
bleibt.**

Es gibt nur ganz wenige Menschen, die ich in meinem Leben so nah an mich herankommen lasse, dass sie diese Wunde berühren können. Ich kann sie an einer Hand abzählen. Ich nenne sie »Menschen mit einer karmischen Blankovollmacht, mich zu heilen«. Wenn ich in der Beziehung zu ihnen in dieser Wunde berührt werde, stürze ich innerhalb von Sekunden durch einen Trichter von Wut und Schmerz in eine abgrundtiefe Ohnmacht. Die kann ich nicht anders als Agonie beschreiben. Wenn ich an diesem inneren Ort lande, fühlt es sich so an, als wenn nichts mehr Sinn macht, und eine Stimme raunt mir zu:

»Ich will hier nur weg. Das ist nicht mein Planet!« Wenn du auch so eine Achillesferse hast, weißt du, was ich meine. (Alle anderen: Seid froh!) Unser innerer Dämon trifft uns an einer so empfindlichen, gefühlt existenziell bedrohlichen Stelle. Kein Wunder, dass wir ihn von uns abspalten und weghaben wollen.

Der Haken an allen therapeutischen oder spirituellen Ansätzen kann sein, dass wir sie missbrauchen, um dieses Monster wegmachen zu wollen. Und das kann nicht funktionieren. Denn die Dämonen werden durch unsere Gegenwehr noch mächtiger. Sie lieben diese Form der Gegenenergie geradezu. Wenn wir Spiritualität als »Lichtarbeit« missbrauchen, nährt das bloß die Monster im Schatten. Vielleicht betest du manchmal dafür, dass der Dämon dich verlässt. Wenn du da ehrlich hineinspürst, merkst du, dass das häufig kein friedvolles Gebet *für etwas* ist. Dieselbe Falle verbirgt sich in positiven Affirmationen. Wenn du ganz entspannt bist, deinen Geist ein wenig dehnen möchtest und an etwas Schönes denkst – zum Beispiel »Hey, ich bin großartig!« –, dann ist das toll. Aber wenn du gerade mit deinen Dämonen ringst, die versuchen, sich durch Emotionen und Zweifel den Weg ins Licht zu bahnen, dann wirkt die Affirmation wie ein subtiler Unterdrücker für deinen Schatten und das kann auf Dauer niemals funktionieren.

Alles, was wir bekämpfen, bleibt und wird durch unsere Gegenwehr sogar stärker. Das ist das Problem.

Und jetzt kommt das Verrückteste: Dein Kampf gegen den Dämon basiert auf der Annahme, er wäre nicht du. Wir spalten einen ungeliebten Anteil innerhalb unseres Bewusstseinsraumes ab, verteufeln ihn und versuchen nun, ihn loszuwerden. Das kann gar nicht funktionieren, denn der Dämon, das bist auch du! Du kämpfst einen Schattenkampf mit dir selbst. Du bist es, der den Dämon am Leben hält, indem du ihm die Energie deiner Gegenwehr schenkst. Doch was ist dann der Ausweg?

Sicher ahnst du es schon, auch wenn es verrückt, ja kamikazemäßig erscheint. In der Science-Fiction-Filmtrilogie *Matrix* wird die Lösung in der allerletzten Szene auf geniale Weise dargestellt. Der Held Neo ist ein Softwareentwickler, der erkannt hat, dass es eine unechte Realitätsmatrix gibt, die Menschen versklavt. Er will sie befreien. Aus der Matrix stellt sich ihm sein Hauptfeind entgegen, der Agent Smith. Gegen ihn kämpft Neo während der gesamten Trilogie. Er trainiert. Er wird besser, legt sich größere Waffen zu, alles, um Smith irgendwann zu besiegen. In der Endszene kommt es zum Showdown zwischen den beiden. Sie kämpfen im strömenden Regen und jedes Mal, wenn Neo den Agenten tötet, verdoppelt der sich. Neo kämpft wie ein wilder. Mr. Smith verdoppelt sich und verdoppelt sich und verdoppelt sich. Genau das passiert, wenn du gegen deinen inneren Dämon kämpfst. Neo kämpft also unerbittlich weiter. Es regnet, es donnert und irgendwann stehen Millionen von Agenten um ihn herum. In diesem Moment erwacht Neo aus seinem Wahn und checkt die Ausweglosigkeit seiner Strategie. Er hält inne. Er öffnet seine Arme. Er gibt sich hin. Er nimmt Mr. Smith, seinen Dämon, in sich auf.

Füttere deinen Dämon.

VOM DÄMON ZUM DAIMON

Neo weist uns den Weg, wie wir in uns unerlöste Bewusstseinskomplexe heilen können. Es ist ein Weg, der so vollkommen anders ist als alles, was uns die Welt bisher beigebracht hat. Auf diesem Weg verwandeln wir den inneren *Dämon,* den wir fürchten, in einen sogenannten *Daimon.*

Vielleicht hast du diesen Begriff schon mal gehört. »Daimon« kommt aus dem Altgriechischen und ist eng mit dem Begriff des Dämons verwandt. Während »Dämon« im Laufe der Zeit immer mehr zu einem Synonym für fremde, böse Geister wurde, die uns bedrohen, war der Daimon in der griechisch-römischen Antike der Vermittler zwischen Menschen und Göttern. Der Daimon war ein geistiges Wesen, das zwischen uns und unserer höheren Realität vermittelte. Dein persönlicher Daimon galt auch als die Personifikation deines Schicksals. Der Daimon verrät dir sehr viel darüber, wer du in diesem Leben bist und was deine besondere Gabe, dein einzigartiger Genius ist.

Was, wenn das, was du bis jetzt als deinen feindlichen Dämon betrachtet und bekämpft hast, in Wahrheit dein Schutzgeist ist? Was, wenn er in Wahrheit deine Superpower verkörpert?

Wenn es stimmt, was wir über den inneren Bewusstseinsraum gesagt haben, in dem wir alles Mögliche erschaffen können – wer hat dann den Dämon kreiert? Du. Genau wie du das Wort böse, falsch oder Teufel erschaffen kannst. Dämon ist zunächst nichts weiter als ein Wort mit fünf Buchstaben. Sie bedeuten gar nichts, bis wir ihnen ihre Bedeutung verleihen. In deinem Bewusstseinsraum gibt es Phänomene, die dir unangenehm sind oder die dir Angst machen. Bedeutet das, dass sie falsch oder feindlich sind? Oder hast du das nur angenommen, weil dir nie jemand beigebracht hat, mit diesen Aspekten friedlich zu kommunizieren?

Als Kinder hatten wir manchmal Angst vor dem dunklen Mann, der sich hinter der Gardine oder unterm Bett versteckte. Unsere Panik war echt. Doch wenn unsere Eltern nachschauten, war niemand da. Denn schon damals galt das Gleiche wie heute: Alle unsere Dämonen existieren in uns. Wir haben sie kreiert und wir haben ihnen Macht verliehen. Wir kämpfen gegen uns selbst und so kann der Drache seinen Schatz nicht an uns übergeben. Wenn wir das endlich begreifen und wenn wir so müde sind vom Wegrennen und Kämpfen, dann sind wir bereit, unseren Daimon im Dämon zu erkennen und ihn so zu erlösen.

Challenge
Der Heilungsweg

Bist du bereit, deinen Dämon in deinen Daimon zu verwandeln und ihn nach Hause zu holen?

Warum? Beschreibe deine triftigen Gründe, denn Achtung! Dies ist keine Plänkelei (»Ach ja, probiere ich mal aus!«). Es braucht deine volle Entschlossenheit. Es ist die höchste Kunst der Schattenarbeit.

DEN DÄMON ERLÖSEN

Wie erlöst man einen Dämon? Dafür greife ich auf eine Tradition des tibetischen Buddhismus zurück, die aus dem 11. Jahrhundert stammt und *Chöd* heißt. Im Anhang findest du eine vertiefende Buchempfehlung dazu. Chöd verkörpert das blanke Gegenteil von dem, was wir gelernt haben. In unserer Welt lautet die Devise: »Fliehe vor deinem Dämon! Lenke dich ab. Mach ihn irgendwie weg. Arbeite mehr. Trinke mehr. Nimm Psychopillen. Mach den Fernseher an, verliere dich in Instagram.« Auch viele lichtbetonte psychospirituelle Ansätze basieren darauf, unseren wilden, blutigen Dämonen aus dem Weg zu gehen.

Deshalb klingt das, was ich dir nun vorschlage, erst einmal verrückt. Wahrscheinlich bist du dafür auch nur offen, wenn du lange genug vergebens gegen deine Dämonen gekämpft hast und sich eine Mischung aus Weisheit und Kampfmüdigkeit eingestellt hat: **Anstatt deine Dämonen zu bekämpfen, füttere sie.**

Sie sind ja ohnehin da. Sie stehen die ganze Zeit vor deiner Tür. Sie brüllen dich an oder flüstern dir ins Ohr. Sie zerren an dir. Sie fordern dich heraus. Wo auch immer du hingehst, sie sind schon da. Warum bleibst du nicht endlich stehen und gibst ihnen das, was sie haben wollen?

Wie sieht das konkret in der Praxis aus? Zunächst brauchst du eine innere stabile Haltung der Selbstverantwortung. Wenn du noch starke Zweifel hast, tu es nicht. Warte, bis der richtige Zeitpunkt gekommen ist. Halte inne und schreibe deine wichtigsten Dämonen auf. Untersuche ehrlich und spüre noch mal, wie viel Kraft nicht sie, sondern dein Kampf gegen sie dich schon gekostet hat. Wie viele Beziehungen wurden durch diese innere Fehde belastet, vereitelt oder zerstört? Wie viele kostbare Lebensmomente vergiftet? Und was hast du alles schon vergeblich versucht, das Monster loszuwerden? Du musst an dem Punkt ankommen, an dem du aufrichtig fühlst: »Ich bin müde vom Kämpfen. Ich kapituliere.«

WO DOCKT DER DÄMON AN?

Jetzt untersuchst du neugierig, wie unter dem Mikroskop, die Beziehungsdynamik zwischen dir und dem Dämon.

Wann genau zeigt er sich? Was sind die konkreten Triggermomente? Beschreibe einen von ihnen schriftlich. Fühl da hinein.

Und jetzt kommt eine entscheidende Frage: Wo dockt dieser Dämon in deinem Körper energetisch an? Wenn es der Dämon der Angst ist, fühlst du sie beim ersten Reinspüren vielleicht im ganzen Körper. Aber wenn du noch einmal aufmerksam in dich hineinfühlst, wirst du merken, dass es sehr wahrscheinlich eine Stelle in deinem Körper gibt, an der du deine Angst am stärksten spürst. Diese Stelle ist die energetische Nabelschnur deines Dämons. Dein Dämon braucht Kontakt zu deinem Körper. Wenn ich zum Beispiel in den Zorn gehe, spüre ich das in meiner Brust. Das ist so, als hätte ich dort einen Panzer aus glühender Lava. Wenn wir Liebeskummer haben, fühlt sich das häufig so an, als wenn der Bereich um unser Herz aufreißt.

Jeder Dämon sucht sich eine körperliche Stelle, an dem er andocken kann. Das ist ab jetzt deine Kontaktstelle. Über sie kannst du ihn begrüßen: »Hallo, Dämon!« Diese Körperregion ist quasi deine Hand, die du dem Dämon entgegenstreckst. Klingt ganz schön verrückt, stimmt's?

GIB IHM EIN GESICHT

Als Nächstes fühlst du in diese Stelle rein und bittest den Dämon zu erscheinen. Verleih ihm ein Gesicht oder eine Gestalt. Hast du mal einen Film über Exorzismus gesehen? Eines der wichtigsten Prinzipien des Exorzismus ist in diesen Filmen immer, dass der Priester den Namen des jeweiligen Dämons herausfinden und aussprechen muss. Dann verliert der einen Großteil seiner Macht. So ähnlich verhält es sich mit der Schattenarbeit: Ein beschreibendes Wort und ein Gesicht machen ihn schon wesentlich weniger schrecklich und helfen dir, mit ihm zu kommunizieren. Wenn ich beispielsweise in den Dämon meines Zornes reingehe, fühle ich ihn in meinem Brustkorb. Wenn ich ihn bitte, sich zu zeigen, erscheint vor mir ein Samurai in einer vor Hitze glühenden Rüstung.

Wie sieht dein Dämon aus? Gib ihm ein Gesicht. Du kannst es dir vorstellen. Noch besser ist, wenn du es aufmalst.

WAS BRAUCHT DER DÄMON?

Nun willst du wissen, was der Dämon braucht. Du hast schon alles Mögliche versucht, um ihn loszuwerden, doch er kommt immer wieder. Das heißt, er braucht irgendetwas. Dieser Geist ist nicht erlöst. **Aber, ganz wichtig zu verstehen: Es geht nicht darum, was der Dämon *will*, sondern was er *braucht*.** Ein Choleriker füttert seinen Dämon mit Wutausbrüchen. Das ist es, was der Dämon in dem

Augenblick will. Doch es erlöst ihn offenkundig nicht. Er kommt immer wieder. Er braucht etwas anderes. Um herauszufinden, was das ist, musst du dich noch mehr für deinen Dämon öffnen.

WERDE ZUM DÄMON

Wenn du ein zartbesaitetes Wesen bist, fürchtest du dich vielleicht vor diesem Schritt. Doch du wirst sehr wahrscheinlich in einem positiven Sinne überrascht sein. Die hässliche Fratze unserer Dämonen ist durch die jahrelange Unterdrückung und Ablehnung entstanden. Ich will nicht vorgreifen, doch du wirst staunen, wie sich sein Wesen wandelt, wenn er endlich willkommen geheißen wird. Wir haben gesagt, der Dämon ist Teil deines Bewusstseins. Um rauszufinden, was er braucht, wirst du nun selbst zum Dämon. Du hörst auf, ihn zu bekämpfen, sondern fühlst dich in ihn hinein. Du fühlst seine Dunkelheit; seine Wut; seine Verzweiflung; seinen Hass; was auch immer da ist. Spüre zunächst einfach rein, wie es ist, dieser Dämon zu sein. Und dann schlüpfst du voll in seine Rolle und du fragst dich aus der Perspektive des Dämons: »Was will ich von diesem Menschenkind?« Wenn ich in den Dämon des Zornes hineinschlüpfe und mich frage: »Was will ich von Veit?«, ist das Erste, was kommt: »Zerstöre! Mach einfach alles kaputt. Die werden dich eh nicht verstehen; die werden sich nie auf deine Seite stellen. Du wirst letztendlich immer wieder verraten werden. Ich will, dass du alles zerstörst!« Früher, als mich dieser Dämon noch im Griff hatte, habe ich wirklich oft Sachen und Beziehungen zerstört. Das heißt, ich habe dem Dämon gegeben, was er wollte. Das hat ihn offenkundig nicht erlöst. Das Geheimnis ist: Du hörst, was er will, aber das wirst du ihm nicht geben. Denn das, was der Dämon am Anfang will, ist das, womit er dich im Griff hat. Vielleicht ist dein Dämon ein Dämon der Perfektion. Wenn er gefragt wird, was er von dir will, sagt er: »Gib noch mehr Gas! Du musst dich noch mehr anstrengen!« Oder es ist ein Dämon der Angst, der von dir fordert: »Verkriech dich! Mach dich klein! Zieh dich zurück!« Das gibst du ihm nicht. Aber es ist wichtig, dass es gehört wird.

Nun fragst du dich aus der Perspektive des Dämons: »Was brauche ich *wirklich* von diesem Menschenkind?« Wenn ich aus der Position dieses zornigen Kriegers auf Veit schaue und mich das frage, dann spüre ich: »Erstens, halte mein Feuer aus! Bleib mit mir gemeinsam in diesem Feuer stehen. Halte meinen Schmerz hinter dieser Rüstung aus. Schau mir in die Augen, bleib stehen und fühle meinen Schmerz. Fühle, dass dieser Schmerz viel, viel älter ist als dieses Leben. Spüre, dass mein Wutgeheul eigentlich ein einziger Aufschrei ist. Bleib stehen und liebe mich.« Das ist das, was mein Dämon wirklich von mir will.

Wenn du an dieser Stelle im Prozess angekommen bist, wirst du bereits eine Entspannung bemerken. So nah ist deinem Dämon noch niemand gekommen. Solange ist noch nie jemand bei ihm geblieben. So tief hat ihn noch niemand gesehen.

Die Frage, die du dir jetzt aus der Perspektive des Dämons stellst, lautet: »Wenn ich von diesem Menschenkind endlich bekommen würde, was ich wirklich brauche, was würde ich dann erfahren?«

Bei mir würde sich dieser so oft missverstandene Krieger geliebt fühlen. Er fühlt sich willkommen, angenommen. Er fühlt sich in der Begegnung mit mir endlich so sicher, dass er sanft zusammenbrechen kann.

Das, was dein Dämon fühlt, wenn er erlöst ist, ist die eigentliche Nahrung, die er braucht und nach der er in all den Schlachten und Heimsuchungen gesucht hat. Weil unsere Dämonen nicht die Nahrung bekommen, die sie wirklich brauchen, sind sie nicht erlöst. Deshalb gehen sie immer wieder auf die Ebene des Kampfes. Da toben sie sich aus, aber sie finden dort keine Ruhe. Nur wenn du erkennst, was dein Dämon wirklich braucht, kann er Erlösung finden.

NÄHRE DEINEN DÄMON

Anstatt das zu machen, was die ganze Welt macht – den Dämon zu beschuldigen, zu verdammen, ihn wegtherapieren oder wegmeditieren zu wollen –, sagst du nun: »Komm an den Tisch! Erzähl mir, was du brauchst.« Und dann gibst du deinem Dämon Nektar. Du fütterst ihn. In meinem Beispiel nehme ich wieder die Position von Veit ein und biete meinem Dämon den Nektar der Liebe, der Vergebung, des Mitgefühls, der väterlichen und auch brüderlichen Liebe an. In deinem Fall ist der Nektar, nach dem dein Dämon verlangt, vielleicht ein ganz anderer.

Wenn du an diesem Punkt angekommen bist, wirst du sehr wahrscheinlich merken, dass sich dein Dämon und du selbst zutiefst entspannen. Es muss nicht so sein, aber manchmal kommt es vor, dass nun etwas Wunderbares passiert. Wahrscheinlich wird er seine Form verändern. Eventuell wird er nur ein bisschen weicher. Vielleicht kommt aber auch hinter diesem Dämon plötzlich eine ganz andere Form zum Vorschein.

LERNE DEINEN VERBÜNDETEN KENNEN

Wenn wir unseren inneren Dämon füttern und er den Nektar bekommt, den er braucht, verwandelt er sich in unseren Daimon. Er wird zu unserem Verbündeten. Das ist ein so bedeutsamer, befreiender Moment einer menschlichen Abenteuerreise. Ich wünsche jedem Menschen diese erlösende Erfahrung. Dafür habe ich dieses Buch geschrieben. Wenn du einmal erfahren hast, wie es sich anfühlt, wenn sich dein Schatten in Licht verwandelt und du das ganz allein geschafft hast, schenkt dir das tiefes Selbstvertrauen und löst eine sanfte Kettenreaktion der Heilung rückwärts und vorwärts aus. Du verstehst plötzlich, dass all diese seltsamen, hilflosen, schmerzhaften Augenblicke deiner Vergangenheit keine Fehler, sondern Missverständnisse waren. Und du schaust mit so viel mehr Neugier und Zuversicht nach vorn, weil du real erfahren hast, dass es in deinem Bewusstsein nichts wirklich Böses gibt. **Dein inneres Ja kann wirklich alles in dir erlösen.** Du realisierst erleichtert: »Hey, das ist gar kein giftiger Zwerg, der mir Böses will. In ihm verbarg sich die ganze Zeit ein zarter, verträumter Junge.«

Das ist die Phase im Prozess, in der du noch einmal zu deinem Daimon Kontakt aufnehmen und ihn fragen kannst: »Wie kannst du mir in meinem Leben helfen?«

Vielleicht lautet die Antwort: »Indem ich dich immer wieder an diesen Schmerz bringe, damit du alle Menschen in ihrem Schmerz fühlen kannst. Indem ich dich lehre, durch den Schmerz hindurchzugehen. Indem ich dich nicht in Ruhe lasse, bis du lernst, deiner dunkelsten Seite mit Mitgefühl zu begegnen. Und dann werde ich dir zeigen, dass in der tiefsten Dunkelheit das größte Licht ist.«

Du kannst deinen Daimon auch fragen: »Wie kannst du mich beschützen?« Und der Daimon antwortet vielleicht: »Nimm wahr und erkenne an, dass ich da bin; dass ich nicht dein Feind bin. Ich bin niemals dein Feind gewesen. Wie sollte das auch gehen? Ich bin eine Kreation deines eigenen Bewusstseins! Ich kann dich beschützen, wenn du mir zuhörst. Dann führe ich dich durch den Zorn, durch die Enttäuschung, durch den Schmerz und durch das Mitgefühl zu dem, was du dir eigentlich wünschst.«

WERDE ZU DEINEM VERBÜNDETEN

Wenn du willst, geh dann noch einen Schritt weiter und werde zu deinem Daimon. Das heißt, du trittst noch einmal aus dir heraus und wirst zu deinem Daimon. Du schaust aus seinen Augen auf den Menschen, der du bist, und du sprichst: »Ich werde dir helfen, indem ich das … und das … tue. Ich werde dich auf die Art und Weise … beschützen. Du kannst mich soundso … kontaktieren.«

ALLEINSEIN

Der siebte und letzte Schritt des Prozesses besteht darin, dass du alles loslässt. Den Dämon, den Daimon und dein Ego. Genieße einfach für einen Augenblick den formlosen, stillen Raum deines Bewusstseins. Loslassen ist kein Dauerzustand, sondern die Erfahrung eines kostbaren Moments in der Stille, aus der jede Geschichte entspringt.

Nachdem du wieder zu deinem Alltagsbewusstsein zurückgekehrt bist, schreibe deine Erfahrung und deine Erkenntnisse auf. Du wirst dich sehr wahrscheinlich zart und sehr mit dir verbunden fühlen. Sei in den nächsten Stunden gut mit dir.

Alles
passiert
in dir.

Ahnst du, dass die Kunst der Schattenarbeit ein zentraler Schlüssel zu deiner, zu unser aller Erlösung sein kann? Warum verletzen Menschen andere Menschen? Weil sie unerlöste Dämonen in sich tragen. Warum zerstören wir die Natur? Warum ziehen wir in den Krieg? Weil wir Dämonen in uns tragen. Diese Dämonen könnten eigentlich unsere Schutzgeister sein. Sie sind nicht unsere Feinde, sie stammen aus unserem Bewusstseinsraum. Geh du mit gutem Beispiel voran. Hol deine Dämonen nach Hause. Gib ihnen die Nahrung, die sie brauchen. Lass sie sich in deinen Daimon verwandeln und sie werden dich mit unendlicher Weisheit und Kreativität beschenken.

DIE MEDITATION »ERLÖSUNG DEINES DÄMONS«

Dieser Prozess ist intensiv und so heilsam. Ich habe dir als ein Geschenk für deine Befreiung eine Meditation aufgenommen, die dich durch diesen Prozess begleitet. Wenn du dich bereit fühlst, probiere sie. Es lohnt sich sehr. Du findest sie im Downloadbereich (siehe Anhang S. 213).

CHALLENGE

Schließe Frieden

Um ab jetzt eine friedvolle, heilsame Beziehung zu deinen Dämonen aufzubauen, formuliere schriftlich eine Friedenserklärung und lies sie dir anschließend drei Mal laut vor. Hier ist ein Beispiel dafür, wie eine solche Erklärung aussehen könnte.

Lieber Dämon Depression,
ich bin bereit, dich nach Hause zu holen.
Ich habe so lange gegen dich gekämpft.
Ich verstehe nun, dass du ein Teil meines eigenen Bewusstseins bist.
Ich bitte um Vergebung, dass ich gegen dich gekämpft und so unnötig Widerstand und Leid erzeugt habe.
Ich weiß vielleicht noch nicht, wie, aber ich hole dich jetzt nach Hause.
Ich gebe dir die Nahrung, die du brauchst.
Ich biete dir Frieden.
Ich bin bereit, von dir zu lernen und so zu verstehen, welchen Schatz du für mich gehütet hast.
Ich danke dir für deine Hartnäckigkeit und freue mich nun auf eine helle, liebevolle Beziehung mit dir.
Ich wünsche dir Erlösung.
So sei es.

Das menschliche Dasein ist ein Gasthaus

Jeden Morgen ein neuer Gast.
Freude, Depression und Niedertracht –
auch ein kurzer Moment von Achtsamkeit
kommt als unverhoffter Besucher.
Begrüße und bewirte sie alle!
Selbst wenn es eine Schar von Sorgen ist,
die gewaltsam dein Haus seiner Möbel entledigt.
Selbst dann behandle jeden Gast ehrenvoll,
vielleicht reinigt er dich ja für neue Wonnen.
Dem dunklen Gedanken, der Scham, der Bosheit –
begegne ihnen lachend an der Tür
und lade sie zu dir ein.
Sei dankbar für jeden, der kommt,
denn alle sind zu deiner Führung geschickt worden
aus einer anderen Welt.

Rumi

Epilog

Wenn du bis hierher gelesen hast, möchte ich dir meinen Respekt aussprechen. Du kannst stolz auf dich sein. Denn du hast dich ganz offensichtlich auf eine Abenteuerreise eingelassen, die alles verändern wird und die die meisten Menschen ihr gesamtes Leben vermeiden – den Pfad in unsere Dunkelheit. Ich bin mir sicher, dass dich das Material dieses Buches nicht nur intellektuell berührt hat. Weißt du noch, wie es für dich war, als du begonnen hast, dich mit dem Thema Schatten auseinanderzusetzen? Eventuell wusstest du noch nicht so viel über diesen ominösen Teil der Psyche und hast dich sogar vor dem unbekannten Drachen gefürchtet, der dort lauern könnte. Jetzt hast du hoffentlich nicht nur verstanden, sondern auch erfahren, welche Schätze in deinem Schatten auf dich warten. Respekt ist immer noch angebracht, denn dein Schatten ist nach der Lektüre eines Buches nicht vollständig erforscht. Im Gegensatz zu deinem Ego ist dein wahres Selbst unbegrenzt. Es gibt da noch so viel zu entdecken. Kein Ende der Reise in Sicht. Dein Schatten wird dich in deinem Leben immer wieder auf unterschiedlichste Weise herausfordern. Deshalb sieh Schattenarbeit eher als einen Lebensstil, als ein einmaliges Ritual. Aber nun weißt du, dass das, was dort schlummert, immer deinem eigenen Bewusstsein entspringt. **Denn alles, was du in der Welt siehst, das Dreckigste und das Reinste, das Hässlichste und das Schönste, kannst du nur sehen, weil es in dir ist.**

Die gesamte Welt, die du wahrnimmst, existiert in dir. Anstatt sie weiter zu bekämpfen oder falsch zu bewundern, kannst du sie nun wie ein Spiegelkabinett erforschen und die Energie, die du in Menschen und Dingen gespeichert hast, befreien und zu dir zurückholen. Du weißt nun, dass dein Dämon nicht dein Feind, sondern dein geheimer Verbündeter ist. Du kannst ihn nähren, erlösen und von ihm lernen.

Schattenarbeit befreit dich zudem von dem Krampf, nur gut sein zu wollen und das Negative wegzuschieben, und hilft dir, *vollständig* zu werden. Erinnerst du dich noch an die Frage: »Willst du gut sein oder ganz sein?« Durch Schattenarbeit wirst du ganz. Je mehr du dich auf sie einlässt, desto einfacher und schneller wird es dir gelingen, die Risse und Makel, die du in anderen Menschen siehst, zu umarmen und nach Hause zu holen. Was für eine Freiheit. Was für eine Möglichkeit für eine wahrhaftige innere Souveränität. Wenn du beim Tiefseetauchen in deiner Psyche den Ursprung deiner wahren Essenz wiederfindest, lösen sich die Polaritäten dieser Welt auf. Du wirst in ihrem Tanz immer auch das EINE, das VEREINENDE wiedererkennen. Du bist dann zwar voll lebendig und wach *in* der Welt, aber nicht mehr leidend *von* dieser Welt. Du klinkst dich immer mehr aus dem alltäglichen Kampf der Menschen gegeneinander und mit sich selbst aus und kehrst in dir heim. In deine Quelle. Schattenarbeit ist kein Egotrip. Im Gegenteil. Du opferst dein Ego für wahre Friedensarbeit. Je mehr du mit dir in Einklang kommst, desto mehr wirst du dich in eine Oase des Friedens und der gelassenen Heiterkeit für deine Mitmenschen verwandeln. Du brauchst darüber keine großen Worte zu verlieren. Dein harmonisches Energiefeld wirkt osmotisch.

Indem du dich befreist, befreist du die gesamte Welt.

Deshalb möchte ich dir an dieser Stelle aus tiefstem Herzen danken. Denn deine innere Arbeit kommt allen Wesen zugute. Danke im Namen aller Menschen, denen du noch begegnen wirst. Danke im Namen der Menschheit. Denn du speist deinen Frieden in unser kollektives Netzwerk ein. Ich bin zutiefst davon überzeugt, dass die heilsame Kunst der Schattenarbeit das Potenzial in sich trägt, Menschen glücklich zu machen und der Menschheit Frieden zu bringen. Wir sollten sie auf verschiedenste Weisen bereits in unseren Familien und Schulen lehren. Deshalb bin ich umso dankbarer, dass du dich auf diesen Weg eingelassen hast. Das bedeutet mir viel.

Mir ist bewusst, dass dieses eine Buch nur als Türöffner dienen kann für eine langjährige, sich immer mehr vertiefende und verfeinernde Praxis. Du findest im Anhang sehr gute Bücher für die nächste Etappe. Und hier auch noch mal von Herzen die Einladung, dir auf homodea.com den gleichnamigen Onlinekurs **schattenwerk** anzuschauen. Dort erwartet dich zu jedem der Kernthemen zusätzlich eine hochwirksame, transformierende Meditation. Du kannst nun beginnen, die Schattenarbeit immer dann konkret zu nutzen, wenn du auf einen inneren oder äußeren Konflikt stößt.

Es ist immer wieder dasselbe Prinzip. Nimm den Kampf wahr. Mach ihn dir zu eigen. Geh nach innen und untersuche die Wurzel. Schließe Frieden mit ihr.

Das heißt, du hast nun ein mächtiges Werkzeug für deinen Frieden mit dir, deinen Liebsten und auch der Welt. Denn sicher bewegt dich manchmal, wenn du die Nachrichten siehst, die Frage, was du persönlich tun kannst. Schattenwerk ist sicher nicht die einzige, aber immer eine gute Antwort. Bring das, was du in der Welt siehst, in dir nach Hause. Nähre deine Dämonen, bis sie sich wie friedliche Löwen an dich kuscheln. Und dann schau noch mal auf die Welt. Nun wirst du aus der Ruhe, dem Vertrauen und Mitgefühl heraus spüren und wissen, wie du am besten dienen kannst. Du wirst nicht mehr blind und reaktiv agieren, weil du dich vor dem Schmerz und der Dunkelheit fürchtest. Du wirst mutig und ruhig hin- und durch alles hindurchschauen und du wirst die Unschuld und das Licht sehen und dich von dieser Quelle führen lassen. Du wirst unser aller Unschuld erkennen und dein Blick wird uns erinnern und erheben.

Mögest du aufrichtig glücklich sein und den Ritt auf deinem Drachen genießen.

In Verbundenheit, Veit

… Und Luzifer erinnerte sich wieder
an seine Bestimmung als Lichtbringer.
Er sah mit Milde auf alles, was sich
gemeinsam mit ihm vom Licht abgewendet
und in den Schatten zurückgezogen hatte.
Und er erhob sich in der Dunkelheit.
»Es ist Zeit, dass ich mich wieder
der Quelle zuwende, und wenn du willst,
schließ dich mir an … «

VEIT LINDAU

Veit Lindau (geb. 1969) wirkt als Teacher, Speaker und Autor. Er gilt im deutschsprachigen Raum als Experte für eine integrale Selbstverwirklichung des Menschen. Seine Passion und sein Wissen gibt er unter anderem in integralen Coachingausbildungen und durch zahlreiche Onlinekurse weiter. Seine Bücher, einige Bestseller, sind provokante, liebevolle Weckrufe. Energisch und augenzwinkernd ruft er dazu auf, im täglichen Leben konkret umzusetzen, was wir alle bereits wissen. In seinen Vorträgen und Seminaren ermutigt, inspiriert und fordert er heraus.

Veit freut sich, wenn du mit ihm über Facebook und Instagram in Kontakt bleibst. Seminare und Termine: **www.veitlindau.com**

HOMODEA

Wenn du die in diesem Buch angesprochenen Themen durch Onlinekurse vertiefen und dich mit Tausenden Gleichgesinnten vernetzen möchtest, komm zu **homodea.com** – unserem digitalen Heimathafen für wache Menschen und Unternehmen der neuen Zeit.

ANHANG

Schattenwerk als Onlinekurs

Zu diesem Kurs existiert ein gleichnamiger, vertiefender Onlinekurs mit Videos und powervollen Meditationen zu jedem Drachen auf **www.homodea.com**.

Die Kraft der Stille

Ich bin der tiefen Überzeugung, dass eine solide Form der Achtsamkeitsmeditation das Fundament einer Schattenarbeit ist. Wenn du sie mit mir zusammen erlernen möchtest, findest du auf homodea.com das Onlinetraining »Die Kraft der Stille«.

Dein Downloadbereich

Wir haben dir einen Downloadbereich vorbereitet, in dem du inspirierende, vertiefende Videos und unterstützende Meditationen vorfindest. Sie sind für die Leser*innen des Buches gratis und du findest das Material hier: **go.homodea.com/schattenwerk**.

INSPIRATIONSQUELLEN UND WEITERFÜHRENDE BUCHTIPPS

Ralf Heske: *4 Fragen, die alles verändern: Das große Praxisbuch für The Work nach Byron Katie.* Gräfe und Unzer Verlag, 2020

Ken Wilber: *Integrale Spiritualität: Spirituelle Intelligenz rettet die Welt.* Kösel, 2017

Verena Kast: *Der Schatten in uns – Die subversive Lebenskraft.* Patmos, 2020

Debbie Ford: *Schattenarbeit – Wachstum durch die Integration unserer dunklen Seite.* Goldmann, 2011

Tsültrim Allione: *Den Dämonen Nahrung geben: Buddhistische Techniken zur Konfliktlösung.* Arkana, 2009

Ulrich Emil Duprée: *Ho'oponopono: Das hawaiianische Vergebungsritual.* Schirner, 2011

Desmond Tutu: *Das Buch des Vergebens: Vier Schritte zu mehr Menschlichkeit.* Allegria, 2014

Colin C. Tippin: *Ich vergebe – Das Praxisbuch: 25 praktische Anwendungen für Radikale Vergebung.* Kamphausen Media, 2014

Helen Schucman, Margarethe Randow et al.: *Ein Kurs in Wundern.* Greuthof, 2019

Veit Lindau: *SeelenGevögelt. Manifest für das Leben.* Goldmann, 2016.

Veit Lindau: *Heirate dich selbst. Wie radikale Selbstliebe dein Leben revolutioniert.* Kailash, 2013

Dankbarkeit

Ich danke aus tiefstem Herzen dem hartnäckigsten, liebevollsten, wildesten und charmantesten Schatten in meinem Leben, meiner Frau.

LIEBE LESERINNEN UND LESER,

wir wollen Ihnen mit diesem Buch Informationen und Anregungen geben, um Ihnen das Leben zu erleichtern oder Sie zu inspirieren, Neues auszuprobieren. Wir achten bei der Erstellung unserer Bücher auf Aktualität und stellen höchste Ansprüche an Inhalt und Gestaltung. Alle Anleitungen, Übungen oder Rezepte werden von unseren Autoren, jeweils Experten auf ihren Gebieten, gewissenhaft erstellt und von unseren Redakteur*innen mit größter Sorgfalt ausgewählt und geprüft.

Haben wir Ihre Erwartungen erfüllt? Sind Sie mit diesem Buch und seinen Inhalten zufrieden? Wir freuen uns auf Ihre Rückmeldung. Und wir freuen uns, wenn Sie diesen Titel weiterempfehlen, in Ihrem Freundeskreis oder bei Ihrem Online-Kauf.

Sollten wir Ihre Erwartungen so gar nicht erfüllt haben, tauschen wir Ihnen Ihr Buch jederzeit gegen ein gleichwertiges zum gleichen oder ähnlichen Thema um.

KONTAKT ZUM LESERSERVICE

GRÄFE UND UNZER VERLAG
Grillparzerstraße 12
81675 München
www.gu.de

IMPRESSUM

unum

unum ist eine eingetragene Marke der GRÄFE UND UNZER VERLAG GmbH, www.gu.de

ISBN 978-3-8338-8107-7
5. Auflage 2025

Projektleitung: Clea von Ammon
Lektorat: Dr. Antje Korsmeier
Korrektorat: Christian Wolf
Umschlaggestaltung und Layout: ki36 Editorial Design; Daniela Hofner, Marta Olesniewicz
Herstellung: Susanne Fuhrmann
Satz: Uhl + Massopust, Aalen
Repro: Longo AG, Bozen
Druck & Bindung: DZS Grafik, Slowenien

Bildnachweis
Cover: Unsplash/Dewang Gupta
Autorenportrait: Paul Königer
Unsplash/Dino Reichmuth/Jeremy Bishop/Patrick Untersee/Pat Whelen/Massimiliano Morosinotto/Christian Lunde/Yulia Gadalina: S. 38, 62, 88, 106, 116, 154, 178; The Noun Project: S. 20

Syndication: www.imageprofessionals.com

Bildredaktion: Nele Schneidewind

Die unum-Homepage finden Sie unter: www.unum-verlag.de